EL NIDO

JUAN BOLEA

EL NIDO

© Juan Bolea
© de esta edición. Los libros del gato negro
© de la fotografía del autor. Columna Villarroya

info@loslibrosdelgatonegro.com
www.loslibrosdelgatonegro.com

Impresión. INO Reproducciones, S.A.

Zaragoza, octubre de 2024

ISBN: 978-84-128901-2-9
DEPÓSITO LEGAL: Z 1752-2024

(Impreso en España)

Esta obra ha sido publicada con la ayuda del Departamento de Presidencia, Interior y Cultura del Gobierno de Aragón.

Para todas mis lectoras y lectores, con gratitud.

ESCENA 1

(Escenario oscuro).

(Comienza a sonar la sintonía del Noticiario de Radio Nacional de España).

VOZ EN OFF DE UN LOCUTOR. El general Joaquín Ayala y Alonso de Contreras ha recibido esta mañana la máxima condecoración militar de nuestro país: la Cruz Laureada de San Fernando. El distintivo le ha sido impuesto por su Majestad el Rey en el curso de un solemne acto castrense celebrado en el Patio de Armas del Palacio Real. En su discurso, el general Ayala ha afirmado lo siguiente.

VOZ DEL GENERAL. No hay mayor honor para un español que servir a su bandera. Me despido hoy tras cuarenta y cinco años de servicio en un momento crucial para el futuro de mi patria. La amenaza del secesionismo es real, no hay que bajar la guardia. En nuestra condición de ciudadanos, muchos permaneceremos vigilantes, para que nuestro Estado de Derecho se siga respetando y nuestra Constitución se siga cumpliendo en todas las Comunidades Autónomas y Ciudades Autónomas que integran la indivisible nación española. Nuestra fuerza reside en nuestra unidad. Ni el egoísmo ni la insolidaridad, ni por supuesto la traición caben en el proyecto común de una patria presente y futura.

¡Viva el Ejército!

¡Viva el Rey!

¡Viva España!

(Suena el himno nacional).

ESCENA 2

(Dos de la tarde del 10 de octubre de 2025. Interior de una casa burguesa en el centro de Madrid, con antigüedades y muebles costosos. De las paredes cuelgan cuadros clásicos, paisajes y retratos, y un gran espejo. El escenario se divide en dos estancias. A la derecha, el salón-comedor. A la izquierda, el despacho-biblioteca. En un lateral, como si fuese un porche, se distingue una zona separada y amueblada con una mesa y sillas de jardín. Es allí donde el general retirado Joaquín Ayala, a la luz del día, está leyendo el periódico. Lleva una camisa azul clara y un pantalón negro. Tiene delante una botella y una copa de fino Tío Pepe y un platillo de aceitunas).

(Suena su móvil).

GENERAL AYALA. ¿Sí? ¿Eres tú, querido compinche? ¿Cómo estás, amigo Jacinto? ¿Cuánto tiempo sin verte? Desde ayer, ¿no? *(Ríe pícaramente).* ¡Qué bien lo pasé en ese antro al que me llevásteis anoche! Hacía tiempo que no me reía tanto y que no bebía tanto, tampoco... Menos mal que Teresa estaba dormida cuando llegué, que si me llega a pillar volviendo a las tantas... Aquí me tienes, recién levantado, con una resaca de campeonato, curándomela a base de un Tío Pepe y un plato de olivas. *(Le entra una risa floja).* ¡Qué juerga nos corrimos anoche, Jacinto! ¡Tenemos que repetirla! ¿Con Rebullida, también? ¿Hoy mismo? *(Sigue riendo).* ¿Esta noche, otra vez? No sé, Jacinto, dependerá del lío que tenga por casa. Mis tres hijos celebran hoy mi cumpleaños con nosotros. Mi hija Carlota vuelve a casa después de dos años sin dignarse a aparecer... Nos ha dado un montón de problemas. ¡Afortunado tú, Jacinto, que no tienes, hijos! ¡De la que te has librado! Escucha... Esa amiga vuestra que me presentasteis ayer... Mari, sí... Me pareció muy interesante... ¿Guapa? ¡Como para ponerle un piso! ¿Te ha hablado ella de mí, en serio? ¿Y qué te ha dicho? ¿Que yo también le he hecho tilín? *(Ríe).* ¡Mira que eres enredador! Ya no tenemos veinticinco años, Jacinto, pero la verdad es que no me importaría volver a ver a esa Mari. *(Hace una pausa y cambia a un tono mucho más serio).* En cuanto al otro asunto... Ya sabéis que no me gusta que lo llamemos «golpe». No quiero pasar a la historia como el instigador de un golpe de Estado sino como el mayor defensor del orden constitucional. Cataluña va a votar un referéndum de independencia. La amenaza de secesión es real. La unidad de España corre serio peligro. Si nadie lo impide, nuestra patria, tal como la conocemos, dejará de existir. ¡Pero todavía quedamos españoles capaces de salvar la nación! Sí, Jacinto sé que estáis conmigo y que aceptáis mi mando, os lo agradezco mucho. ¿Habéis hablado con los capitanes generales? *(Durante unos segundos escucha en silencio a su interlocutor, asintiendo).* ¿Con cuántas capitanías contamos? ¿Número de compañías? Unos veinte mil soldados, muy bien... ¿Unidades acorazadas...?* (Nueva pausa, el general escucha).* No, no quiero que habléis con la Marina ni con las Fuerzas Aéreas. Solo con el Ejército de Tierra, lo haremos únicamente con los nuestros. La idea de formar un gobierno provisional y convocar elecciones será bien aceptada, ya verás. En cuanto hayamos tomado los centros de poder, dirigiré un mensaje a la nación. Lo estoy escribiendo, te gustará... En cuanto al Rey... *(Suena el timbre)*. Perdona, Jacinto, llaman a la puerta y estoy solo, se nos ha despedido la doméstica. Tengo que colgar, hablamos luego.

ESCENA 3

(Suena reiteradamente el timbre de la puerta. El general va a abrir por el lado derecho del escenario y entra su mujer, Teresa).

TERESA. *(Con aire de irritación).* Estoy tan enfadada que hasta me he dejado las llaves en la tienda. Buenos días y felicidades otra vez, Joaquín.

GENERAL. ¿Por qué dices «otra vez», querida?

TERESA. Te los di al despertarme, pero estabas profundamente dormido, roncando como un marinero y oliendo a rayos.

GENERAL. ¿Por qué estás tan enfadada?

TERESA. ¿Tú te has visto la cara que tienes? ¡Menuda resaca llevas! ¡Con lo que nos espera hoy...! ¿Se puede saber dónde estuviste anoche?

GENERAL. Dimos una vuelta para celebrar mi cumpleaños y...

TERESA. ¿Con quién?

GENERAL. Con los generales Jacinto Castroviejo y Manuel Rebullida y otros colegas de los viejos tiempos.

TERESA. Y tan viejos... Dime, ¿Jacinto sigue bebiendo tanto?

GENERAL. Ayer se tomó unas copas, es verdad.

TERESA. Las mismas que tú, imagino.

GENERAL. Me controlé.

TERESA. No deberías volver a las andadas.

GENERAL. No te preocupes, Teresa.

TERESA. Pues lo estoy. ¡No puedes beber, no lo olvides! Bastantes disgustos me diste cuando te pasabas con la bebida, ¡recuérdalo!

GENERAL. Aquellos desagradables episodios quedaron atrás hace muchos años, Teresa. Dejé el alcohol y las malas compañías.

TERESA. Pero no a Jacinto.

GENERAL. ¿Por qué le tienes tanta manía?

TERESA. Es un granuja, un sinvergüenza... Siempre se ha aprovechado de todo, del ejército, de las mujeres y también de ti...

GENERAL. Su hoja de servicios es impecable. Acaba de retirarse de general, como yo.

TERESA. Pero tú, como Jefe del Estado Mayor, y él como simple general de brigada. ¡Siempre ha habido clases!

GENERAL. Jacinto ha sido un militar ejemplar. No lo despreciarías tanto si lo hubieras visto actuar en nuestras misiones en Sarajevo, en Líbano... Hemos llevado la bandera de España por medio mundo. Ahora nos la quieren quitar, pero le pondremos remedio.

TERESA. ¿Remedio a qué, Joaquín?

GENERAL. Al riesgo de que nuestra nación se resquebraje y deje de existir.

TERESA. ¿Va a haber un terremoto?

GENERAL. España puede quedar partida en dos o en tres.

TERESA. Te refieres a los independentistas, claro...

GENERAL. Prefiero llamarlos traidores. ¡Pero van a tener un buen escarmiento!

TERESA. No estaréis pensando en hacer algún disparate.

GENERAL. Haré lo que tenga que hacer, Teresa.

TERESA. Como exmilitar ya no tienes que hacer nada más, Joaquín. Te recuerdo que estás jubilado.

GENERAL. Pero no como patriota. Si España me necesita, actuaré sin dudarlo. Me levanté contra Franco y volveré a hacerlo contra estos sediciosos. España está en riesgo y hay que actuar.

TERESA. Comprendo tus sentimientos.

GENERAL. ¿Coinciden con los tuyos?

TERESA. Esa España que tanto amas ha llegado a ponerme celosa.

GENERAL. Puede que la patria sea una sublimación del amor a una madre, a una esposa, a una hija... Al eterno femenino.

TERESA. *(Sonriendo).* La resaca te ablanda el cerebro.

GENERAL. *(Sonriendo igualmente).* Ayúdame a curarla. Ten, te sirvo un vino. *(Se lo pone).*

TERESA. Tienes un regalo de cumpleaños. Ten.

GENERAL. *(Coge el estuche que le tiende ella).* ¡Un reloj!

TERESA. Sumergible. Para que me lleves a bucear a mares maravillosos.

GENERAL. Estás muy guapa. *(Intenta abrazarla cuando suena el teléfono).*

TERESA. Voy. *(Coge el teléfono).* Es para ti. El general «de brigada» Manuel Rebullida.

GENERAL. Ah, dame... ¿Te importa que salga un momento al jardín?

(Se dirige al porche).

ESCENA 4

(El porche se ilumina mientras que el escenario queda a oscuras. En el jardín, el general habla por teléfono).

GENERAL. Dime, Rebullida, dime... Acabo de hablar con Jacinto, sí. Sé que estáis en contacto con las capitanías generales. ¿Qué novedades hay? *(Escucha un rato en silencio).* ¡Cataluña y Valencia están con nosotros, muy bien! Andalucía y Madrid, también. ¡Con esto ya lo tenemos hecho! No, Rebullida, no voy a hablar con el Rey, no insistáis. Su Majestad no debe saber nada. Él me conoce bien, sabrá a qué atenerse... Ya veremos qué posición adopta cuando nuestras tropas tomen las calles de las grandes capitales. Tendrá que elegir, claro está, pero no precipitemos acontecimientos... ¡Buen trabajo, Rebullida! Yo te lo agradezco mucho y estoy seguro de que España sabrá recompensarte. Mantenemos los planes previstos, de acuerdo. Tenedme al tanto de cualquier novedad.

(Cuelga la llamada y sale del porche).

ESCENA 5

(El general regresa al salón, que se va iluminando mientras se oscurece la zona del porche y del jardín).

GENERAL. A ver si no tengo más llamaditas... ¿Qué tal la mañana, cariño?

TERESA. Fatal. No se vende nada. A este paso, voy a tener que cerrar la tienda.

GENERAL. ¡Este Gobierno...! Asustan a la gente con toda clase de crisis y así ¿cómo va nadie a gastar un euro? Y menos a comprarte uno de esos sifoniers estilo Versalles que vendes a precio de oro.

TERESA. Las buenas antigüedades nunca han sido baratas. Sin ir más lejos, estos mismos muebles que tenemos en casa cuestan una fortuna. *(Hace un gesto de orgullo, abarcando el salón).* Pero prefiero disfrutarlos contigo y con nuestros hijos. Es aquí, con vosotros, en nuestro nido, donde sigo estando más a gusto y más segura que en ningún otro lado...

GENERAL. ¿Y enamorada?

TERESA. Claro que sí, tonto. *(Se deja abrazar).*

GENERAL. ¿Aunque haya trasnochado un poco?

TERESA. ¿No te lo he perdonado siempre todo?

GENERAL. Incluso que te lleve tantos años de diferencia.

TERESA. No tuve la culpa de enamorarme de un arrogante capitán.

GENERAL. *(Condescendiente).* Ya era comandante cuando nos conocimos, Teresa.

TERESA. Sentí un flechazo, un disparo de nieve.

GENERAL. Eso era de una canción, ¿no?

TERESA. Un verso de Silvio Rodríguez.

GENERAL. ¿El de la Trova cubana, el comunista?

TERESA. Exactamente. De cuando yo también lo era.

GENERAL. Una universitaria más roja que Fidel que decidió casarse con un militar antifranquista... Lo que tampoco te libró de ir la cárcel cuando le tiraste el cubo de pintura al politicastro aquel...

TERESA. De novios, los dos fuimos encarcelados. Tú por pretender democratizar el ejército, yo por establecer un régimen de libertad sin restricciones.

GENERAL. Éramos tan jóvenes...

TERESA. *(Riendo).* Sobre todo, yo.

GENERAL. Con el tiempo no has hecho sino mejorar. Como este Jerez, que está impresionante. *(Se sirve otra copita de Tío Pepe).* Te has convertido en una atractiva y madura señora, una anticuaria de prestigio, hermosa y rica.

TERESA. ¿Y a la que sigues deseando locamente?

GENERAL. Ponme a prueba.

TERESA. ¿Probamos ahora mismo o lo dejamos para esta noche? *(Se acerca a él, lo abraza mimosamente).*

GENERAL. ¿Ahora mismo? ¡Cómo eres, Teresa! *(La aparta suavemente).* Estoy recién levantado, cariño... Y esta noche igual tengo que volver a salir.

TERESA. ¿Con Jacinto y ese club de generales eméritos? ¿O puedo llamarlos decrépitos?

GENERAL. No tanto... Somos de la quinta del 49, es verdad, pero nos conservamos jóvenes.

TERESA. Pues no se te nota. Últimamente me tienes muy abandonada. ¡Con lo fogoso que eras de joven!

GENERAL. *(Ríe).* Tuvimos una juventud loca, es verdad.

TERESA. Pero no logramos todo lo que queríamos. La lucha terminó, la democracia se asentó, nos aburguesamos, nos hicimos conservadores, nos rendimos a la rutina...

GENERAL. ¡Tú y tu obsesión de cambiarlo y reivindicarlo todo! Derechos por aquí, libertades por allá... ¡Como si nunca te sintieras libre, como si siempre te faltase algo! ¿Sabes en que ha derivado tu insatisfacción? En que nuestro hijo mayor, Damián, que la ha heredado, se ha convertido en un, en un...

TERESA. ¿En un qué?

GENERAL. No me gusta esa palabra.

TERESA. ¡Dila!

GENERAL. *(Sentándose con la cabeza entre las manos).* En un inmaduro.

TERESA. Más bien, en un idealista. ¿No recuerdas cómo era yo cuando me conociste? Era una utópica, otra inmadura como Damián. Y a pesar de eso, ¡bien que te atrapé! Precisamente te atraje por todo lo que nos diferenciaba. Vestía de cualquier manera, me acostaba con los chicos que me gustaban...

GENERAL. Eso no me gustaba tanto.

TERESA. Bastante trabajo me dio aplacar tus celos retrospectivos.

GENERAL. No discutamos, a menos que no quieras hacerlo acerca de la educación que han recibido nuestros hijos

TERESA. *(Extrañada).* ¿A qué viene eso, Joaquín?

GENERAL. Educarlos sin la menor disciplina está provocando graves consecuencias. Si no hubieran ido, como te empeñaste, a ese instituto lleno de drogadictos y inmigrantes...

TERESA. Donde recibieron una educación en valores ciudadanos.

GENERAL. ¿Por ejemplo?

TERESA. La igualdad.

GENERAL. Si no hubieran ido a esas universidades públicas llenas de resentidos y fracasados...

TERESA. Donde se licenciaron con buenas notas y mejores principios.

GENERAL. ¿Por ejemplo?

TERESA. La solidaridad.

GENERAL. Si hubieran empezado a trabajar en un ambiente sano y decente...

TERESA. ¿Como el ejército, por ejemplo?

GENERAL. A nuestro hijo Damián, el ejército lo habría enderezado.

TERESA. ¿Enderezado? ¿Qué quieres decir, Joaquín? ¿Es que Damián se ha torcido o algo así?

GENERAL. Recto no va. ¡Hablemos claro, Teresa! En todos estos años, Damián no nos ha presentado a una sola chica. Que yo sepa, no ha salido con ninguna. Anda día y noche con un tal Ramón. Lo ha traído por casa y ¡tiene una pinta, con los tatuajes y ese pendiente...! Me lo presentó como un «amigo». Pero, ¿y si es algo más?

TERESA. ¿Y qué pasaría si lo fuese?

GENERAL. Espera un momento, Teresa... ¿Tú sabes algo?

TERESA. Y tú también.

GENERAL. ¿Damián es... ¿rarito?

TERESA. Digamos que está explorando su sexualidad.

GENERAL. ¿Con el tal Ramón?

TERESA. Ya va siendo hora de que abras los ojos, Joaquín. La sociedad española está cambiando y nuestra familia con ella.

GENERAL. Mucho me temo que a peor. Hay principios que deben permanecer.

TERESA. ¿Por ejemplo?

GENERAL. La hombría.

TERESA. Estás fuera de juego, Joaquín. Desde que te jubilaste...

GENERAL. Sigo estando en la reserva, Teresa. Si nos atacan volveré a vestir el uniforme y a mandar unos cuantos batallones.

TERESA. ¿Y quiénes van a atacarnos?

GENERAL. Los marroquíes, los rusos o los catalanes.

TERESA. *(Riendo).* ¿Por ese orden?

GENERAL. Con el gobierno que tenemos, todos a la vez.

TERESA. Parece que lo estés deseando.

GENERAL. La pasión de servir a la patria no se extingue con la edad.

TERESA. No como otras pasiones...

(Por la parte izquierda del escenario, que comunica con las habitaciones de la casa, Damián entra silenciosa-mente al salón).

ESCENA 6

(Damián acaba de despertarse. Ha salido de su cuarto estrambóticamente vestido con un quimono japonés de brillantes colores. Amaga un bostezo y se sienta con indolencia en el sofá).

DAMIÁN. Buenos días, papito. Buenos días, mamita. Felicidades por tu cumpleaños, general. ¿Qué tal día hace?

TERESA. Buenas tardes, hijo. Digo «tardes» porque son las dos, ¿no? ¿Has dormido tanto y tan bien como tu padre? Me encanta volver a la hora de comer y que los tres hombres de la casa ni siquiera se hayan molestado en poner la mesa... Por cierto, ¿dónde está el tercero?

DAMIÁN. Andrés tenía una fiesta, no ha vuelto aún. Acabo de entrar en su cuarto, su cama está sin deshacer.

GENERAL. ¿Otra juerga? Pero ¿cuántas noches lleva celebrando Andrés que ha cumplido dieciocho años?

DAMIÁN. Es mayor de edad y muy libre de hacer lo que quiera.

GENERAL. Dentro de un orden.

DAMIÁN. ¿Y qué orden es ese?

GENERAL. El que debería regir en esta casa, aunque tú hagas lo que te da la gana. Y, al parecer, tu hermano pequeño también.

TERESA. Tu padre tiene razón, Damián. ¿Por qué vas siempre a tu aire, como si los demás no existiésemos?

DAMIÁN. Estoy absorto en mis ocupaciones.

GENERAL. ¿Cuáles, Damián? ¿Escuchar ópera en tu habitación? ¿Ver un vídeo detrás de otro? ¿Hablar durante horas por el móvil?

TERESA. Hay muchas cosas de provecho que podrías hacer, hijo.

DAMIÁN. ¿Cómo cuáles, querida mamita?

TERESA. Ayudarme en la tienda, por ejemplo.

DAMIÁN. *(Ilusionado).* ¿Catalogando obras de arte?

TERESA. Eso ya lo hago yo misma. Puedes arreglar los escaparates y encargarte del almacén.

DAMIÁN. Me temo que debo declinar... El trabajo manual embrutece, ya lo dijo Marx.

GENERAL. *(Desdeñoso).* Qué sabrás tú de Marx...

DAMIÁN. Os recuerdo que estudié una carrera.

GENERAL. Dos cursos de interpretación.

DAMIÁN. He dirigido un cortometraje

TERESA. Que no se ha estrenado.

DAMIÁN. He debutado en un teatro.

GENERAL. Por eso mismo no han vuelto a llamarte.

DAMIÁN. En cualquier momento podría telefonear un productor ofreciéndome un papel.

(En ese momento suena el teléfono. Damián se apresura a cogerlo).

DAMIÁN. *(Decepcionado, dirigiéndose a su padre).* Es para ti. El general Jacinto Castroviejo.

TERESA. No te pongas, Joaquín.

GENERAL. ¿Por qué no?

TERESA. Es un liante.

GENERAL. Dame el teléfono, Damián.

(Coge el teléfono y sale al jardín).

ESCENA 7

(Vuelve a iluminarse la terraza con una luz que representa la claridad del día, mientras el resto del escenario va quedando a oscuras, hasta que apenas se distinguen las siluetas de la madre y del hijo, sentados en el salón y conversando mímicamente, sin que se oigan sus voces).

GENERAL. *(Hablando por teléfono).* Dime, Jacinto, dime... No, no me molestas, estaba hablando con mi hijo mayor, Damián. Sí, el actor... Le va muy bien. No para de trabajar, lo llaman constantemente. Sí, ya te avisaré cuando estrene algo. *(Durante unos segundos escucha en silencio).* ¿Has hablado con la Unidad Acorazada? *(Escucha atentamente unos segundos más, mientras asiente).* ¡Magnífica noticia! Los blindados son imprescindibles para nuestra operación. Que las tropas estén preparadas desde ya mismo. Es posible que tengamos que actuar en cuanto se cierren las urnas en Cataluña. ¡Si esos sediciosos se atreven a declarar la independencia van a recibir lo suyo! Seguid hablando con los capitanes generales. Solo con los que yo os dije y con el mayor sigilo. ¿Algo más? *(Ríe).* Esa Mari, sí... De modo que la has llamado. ¡Qué picarón estás hecho, Jacinto! ¿Y qué te ha dicho ella? ¿De verdad quiere que nos veamos esta noche? *(Vacila).* Dile a Mari que la invito a cenar. A las diez en el Hotel París, en Malasaña. Tiene un restaurante discreto. Y habitaciones, claro, como en todos los hoteles. *(Ríe. Cuelga la llamada y vuelve al salón).*

ESCENA 8

(Se vuelve a iluminar el escenario en la parte del salón. Los actores recuperan la voz en cuanto el general aparece).

TERESA. ¿Qué quería tu amigo Jacinto?

GENERAL. Recordarme la reunión de esta noche con Rebullida y otros compañeros de la quinta del 49.

TERESA. De manera que también hoy voy a cenar sola.

DAMIÁN. Yo te haré compañía, mamita querida. No tengo ningún plan.

GENERAL. ¿Lo tienes alguna vez?

(Damián se encoge de hombros).

TERESA. Gracias, hijo. Espero que tu hermano Andrés haya regresado de su fiesta y que tu hermana Carlota, que debe estar a punto de llegar, se quede con nosotros y no vuelva más a esa comuna de anarquistas. La idea de verla después de dos años de ausencia me está poniendo cardíaca. *(Mira el reloj).* Carlota ya debería estar aquí. ¿Y si al final ha cambiado de idea y no viene?

DAMIÁN. Sería muy libre de hacerlo. Carlota aspira a liberarse de toda forma de opresión. En un país como el nuestro, donde la libertad está amordazada, mujeres como ella están condenadas a vivir al margen o a pagar un alto precio por su libertad.

TERESA. ¿Mujeres como ella? ¿Y entonces yo que soy, todo lo contrario? Me estás llamando reprimida, opresora...?

DAMIÁN. Tú eres mi querida mamita, no puedo juzgarte.

GENERAL. Te recuerdo, Damián, por si lo habías olvidado, que algunos, entre los que nos contamos tu madre y yo, contribuimos a combatir la dictadura franquista y a traer las libertades a este país. En esta casa siempre se os ha concedido bastante libertad.

DAMIÁN. Nunca hay bastante libertad. Y en ningún caso es una concesión, sino un derecho.

GENERAL. Un derecho que puede chocar con el de los demás, dependiendo del uso que se le dé. ¿En qué empleas tú la libertad, Damián?

DAMIÁN. En intentar ser yo mismo.

TERESA. ¿Aún no lo eres?

DAMIÁN. No estoy seguro.

GENERAL. Pues ya va siendo hora... Dentro de poco cumplirás... ¿veintiocho añitos?

TERESA. Treinta.

DAMIÁN. En noviembre, sí.

GENERAL. Y sin dar palo al agua.

TERESA. Te parí el 5 de noviembre de 1995 y buen trabajo que me diste, Damián. Venías de nalgas. No querías salir de mi tripa.

GENERAL. *(Sarcástico)*. Tampoco quiere ahora abandonar el útero materno que es para él esta casa.

DAMIÁN. Puedo independizarme cuando quiera.

GENERAL. No caerá esa breva.

TERESA. *(Irónica)*. ¿Y por qué ibas a irte, hijo? Tan a gusto que estás aquí, en casita, bien calentito, bien comido y mejor servido...

DAMIÁN. Ya que insistís, me quedaré. Soy defensor de la unidad familiar.

GENERAL. Una buena forma de reforzarla sería ponerte a trabajar.

DAMIÁN. Ya lo hago.

TERESA. ¿En qué?

DAMIÁN. Pienso, leo, escribo, dibujo... No hay noche en que no caiga agotado.

GENERAL. ¿Te burlas de nosotros, Damián? El último de mis soldados era mucho más laborioso que tú.

DAMIÁN. Por el miedo que tenían a tu autoridad.

GENERAL. Sobre ti, en cambio, no tengo ninguna.

TERESA. A tu padre no le falta razón, Damián. No puede ser que sigas viviendo con nosotros sin pegar ni un sello.

DAMIÁN. Me acojo a vuestra generosidad.

GENERAL. Que tiene un límite.

DAMIÁN. Cuando se acabe apelaré a vuestra caridad.

TERESA. Que tampoco durará eternamente.

DAMIÁN. Me acogeré entonces a la ley antidesahucio.

GENERAL. *(Exasperado).* ¿Qué habré hecho yo para tener un hijo así?

DAMIÁN. Míralo por la parte buena, querido papaito.

GENERAL. ¿Quieres dejar de llamarnos querido papito y querida mamita?

TERESA. ¿Cuál es la parte buena, hijo?

DAMIÁN. Que soy una persona muy hogareña.

TERESA. No puedes seguir viviendo así. Sin estudiar, sin trabajar... ¡Como un nini!

GENERAL. Mañana mismo te vas a poner a currar.

DAMIÁN. Tengo otras prioridades.

TERESA. ¿Cuáles?

DAMIÁN. Ser feliz. En el libro que estoy leyendo...

TERESA. Me ha parecido ver una novela de André Gide en tu mesilla. ¿Es la que te regalé yo?

DAMIÁN. Sí, *Corydon,* acerca del amor griego. ¡Me encanta!

GENERAL. ¿Qué amor es ese?

DAMIÁN. Amor entre hombres.

GENERAL. ¡Acabáramos! *(A Teresa).* ¿Y tú le regalas eso?

TERESA. *(Con resignación).* No sabes las ganas que tengo de que encuentres a alguien especial, hijo, alguien que te haga realmente feliz.

DAMIÁN. A lo mejor ya lo he encontrado.

GENERAL. ¿Esa afortunada persona tienen sexo?

DAMIÁN. Su género no sería un factor determinante para inspirarme sentimientos amorosos.

GENERAL. A ver, Damián, explícame eso... ¿Puedes sentir lo mismo por un hombre que por una mujer?

DAMIÁN. De la misma forma que una mujer podría sentir lo mismo por una mujer que por un hombre.

GENERAL. ¿Y cómo sabes tú lo que sienten las mujeres?

TERESA. Esto no es un interrogatorio, Joaquín.

GENERAL. Como miembros de una misma familia podemos interrogarnos sobre nuestras dudas, ¿no?

TERESA. Sobre todo, las que tienes tú.

DAMIÁN. Ya que ha salido el tema, hubiera querido plantearlo de una forma más adecuada. Pero, puesto que pareces, en particular tú, papá, albergar cierta curiosidad hacia mi sexualidad, te diré que soy, que soy... *(Se oye repetidamente el timbre de la puerta).*

TERESA. ¡Es Carlota! ¡Ya está aquí!

(La madre corre a abrirle).

ESCENA 9

(Entran de la mano Carlota y su madre. Carlota viste con una estética antisistema, minifalda, adornos metálicos, botas, camiseta y cazadora que se quita y arroja al respaldo de una silla. Aunque muy alternativa y descuidada en su aspecto sigue siendo muy atractiva. En contraste con los demás miembros de la familia, todos ellos dueños de refinados modales, tiene un aire más callejero o desafiante y se mueve de manera más brusca e impulsiva).

CARLOTA. ¿Cómo está la familia? ¡Todos juntitos, qué guay! Bueno, falta Andrés. Feliz cumpleaños, papá. Iba a comprarte un regalo pero al final se me ha olvidado

GENERAL. Me basta con tu cariño. Dame un beso, hija. ¡Bienvenida a nuestra casa, que sigue siendo la tuya! ¿Nos has echado de menos? ¡Dinos que sí!

CARLOTA. *(Abrazándolo apenas).* Podría deciros que sí, pero os mentiría. Solo se echa en falta lo que se tiene, y en los últimos tiempos yo no os tenía a ninguno de vosotros, por eso me largué. ¿Dónde está Andrés?

DAMIÁN. Me puso un mensaje a las seis de la mañana, pero como estábamos muy ocupados hablando del amor se me ha pasado comentarlo.

CARLOTA. ¿Vosotros hablando de amor? ¡Qué excentricidad!

GENERAL. Hablábamos del amor griego, esa es la excentricidad. ¿Tú sabes qué es, Carlota?

TERESA. ¡Joaquín, por favor!

CARLOTA. He debido de perderme algo. ¿Alguien podría explicarme qué?

GENERAL. Simplemente le estaba preguntando a tu hermano Damián quién es.

CARLOTA. Es mi hermano mayor, ¿quién va a ser? ¿A qué estáis jugando?

DAMIÁN. A la ruleta rusa. Por cierto, general, ¿dónde guardas tu pistola?

GENERAL. En un lugar donde nunca la encontraréis.

TERESA. *(A Carlota).* Tu padre ha amanecido con resaca y tu hermano con la cabeza a pájaros, como de costumbre.

CARLOTA. *(A su padre).* ¿Has vuelto a beber?

GENERAL. Un par de amigos están de paso por Madrid y...

DAMIÁN. ¡Tachán! Voy a hacer una declaración Me disponía a hacerla cuando llegaste tú, Carlota. *(A sus padres).* Si de verdad queréis sabes quién soy quizás deberíais haberme preguntado «qué soy». Os responderé: soy gay.

GENERAL. *(Descorazonado).* Me lo temía.

DAMIÁN. ¿No dices eso tan tuyo de «¡Acabáramos!»? Mejor ocasión que esta no se te va a presentar.

GENERAL. Me has dejado sin palabras y las pocas que se me ocurren prefiero no pronunciarlas para no agravar la situación.

TERESA. A mí la situación no me parece nada grave.

CARLOTA. Todo lo contrario. Es una situación muy alegre, muy gay. Me alegro por ti, hermano gay.

DAMIÁN. *(A su padre)*. Pareces un poco abatido tras mi gran revelación. ¿Tu orgullo castrense conseguirá resistirlo?

GENERAL. *(Sarcástico)*. Hablando de orgullo, ¿cuándo celebráis vuestra fiesta? ¿Sacarás a nuestro balcón la banderita arcoiris?

DAMIÁN. Muy ocurrente. Me encantan tus chistes de taberna de oficiales.

TERESA. ¡Estás yendo demasiado lejos, Joaquín!

GENERAL. El que se va a ir muy lejos de aquí voy a ser yo.

TERESA. ¿Con Jacinto?

GENERAL. O con quien me dé la gana.

CARLOTA. Pero, ¿os habéis vuelto locos? ¡Si lo sé no vengo! ¡Menos mal que Andrés se ha perdido esta lamentable escena!

GENERAL. A propósito, ¿dónde puede estar el niño?

CARLOTA. Andrés ya no es ningún niño.

TERESA. ¿Tú lo sabes, Damián? Dinos la verdad.

DAMIÁN. En su mensaje de wasap me decía que iba a una discoteca y que se quedaría a dormir con un amigo.

GENERAL. ¡Otro!

DAMIÁN. ¿Otro qué, papá? ¿Otro que tiene un amigo?

(Padre e hijo intercambian una furibunda mirada, cuando suena el teléfono fijo. La madre se dirige a cogerlo y contesta la llamada).

TERESA. Sí, sí, es aquí... Sí, Andrés Ayala es mi hijo... Un momento, agente, ¿qué me está diciendo?

GENERAL. ¿Qué sucede, Teresa?

TERESA. ¿Dónde está mi hijo? ¡Cómo que no me lo puede decir! ¿En una comisaría? ¿En cuál? ¿Qué ha hecho Andrés, dígame?

GENERAL. ¿Qué ocurre, Teresa?

TERESA. *(Tapando el auricular con la mano).* Parece que Andrés está detenido.

GENERAL. Pásame el teléfono... ¿Con quién hablo? ¿Policía Nacional? Explíqueme el motivo de su llamada. *(Sigue un silencio, el general pasea nervioso por el salón).* Escúcheme, oficial... Está usted hablando con el general Jefe del Estado Mayor Joaquín Ayala. No le informo de mi rango para obtener trato de favor, sino para no dejar de recibir cualquier información que pueda serme de utilidad en una situación como esta. ¿Le importaría adelantarme algo más acerca de esa supuesta agresión? ¿Contra quién, a quién ha agredido? ¿A un policía, está seguro? ¿En qué comisaría lo tienen? ¿Cómo dice, que no está autorizado a decírmelo? *(Sigue otro silencio, el general escucha fuera de sí)*. Me avisarán, muy bien... ¡Eso espero! *(Cuelga el teléfono bruscamente)*.

TERESA. *(Ansiosamente)*. ¿Qué han dicho, Joaquín? ¿Andrés está bien?

CARLOTA. ¿Qué ocurre exactamente, papá?

GENERAL. ¡Ese incompetente y arrogante policía! En cuanto hable con su comisario se va a enterar. Buscadme el teléfono de la Comisaría Central, ¡rápido!

DAMIÁN. Podría ser contraproducente.

GENERAL. ¡Tú sí que eres contraproducente! No es el momento de mostrarse contemplativo ni pusilánime, sino de actuar. ¡Como haría un hombre!

DAMIÁN. ¿Crees que no lo soy?

TERESA. ¡Basta, Damián! Escucha, Joaquín, creo que Damián tiene razón. ¿Por qué no decidimos qué hacer entre todos, como hacíamos antes de que cada uno, de que cada uno... *(Se le hace un nudo en la garganta y no puede terminar la frase).*

GENERAL. *(Poniéndole una mano en el hombro para consolarla).* De que cada uno decidiera ir por su lado, querías decir, querida mía.

DAMIÁN. La única que se ha ido y nos ha dejado de lado ha sido Carlota. *(La señala).*

CARLOTA. Me fui de casa porque no quería convertirme en un parásito como tú.

TERESA. ¡Callaos los dos! ¡Me estalla la cabeza!

DAMIÁN. Para pensar necesitamos tenerla fría.

GENERAL. Tú siempre la tuviste, como no te arde la sangre...

TERESA. No es momento de sarcasmos, Joaquín.

GENERAL. Es hora de actuar, repito.

DAMIÁN. ¿Por qué no nos dices todo lo que te ha contado ese policía, papá? Así tendremos la misma información y podremos decidir qué hacer.

GENERAL. No es mucho lo que ha querido contarme... Andrés está en un calabozo como consecuencia de una operación policial relacionada con el tráfico de drogas. Si realmente está implicado y si es verdad que ha agredido a un agente, las cosas se le pueden complicar y mucho.

DAMIÁN. Empezando porque es mayor de edad. Habiendo cumplido los dieciocho le aplicarán el Código Penal como a cualquier delincuente.

TERESA. ¡Si solo hace un día que los cumplió!

GENERAL. La ley no distingue esos matices, Teresa. A todos los efectos, Andrés es mayor de edad. La fiscalía podría pedirle penas de prisión.

CARLOTA. Habría que eliminar a esos fiscales inquisidores, a esas leyes represoras.

TERESA. Esto no puede estar sucediendo...

GENERAL. La realidad, nos guste o no, es que sí está pasando.

DAMIÁN. La realidad no existe. Es mera ilusión, puro sueño.

GENERAL. Si todas las mañanas te levantaran a toque de corneta, estarías un poco más despierto.

CARLOTA. Tú no conoces la vida real, Damián. Vives entre algodones, al margen de lo que pasa en la calle. Ya te enseñaría yo a sobrevivir, si sirvieras para algo, pero eres un perfecto inútil.

DAMIÁN. Estoy orgulloso de ello. Es mi mayor virtud. Muchos querrían imitarme, pero difícilmente conseguirán alcanzar mi grado de perfección en la vida contemplativa.

GENERAL. Eres un ejemplar único de «nini», realmente.

TERESA. ¿Sabéis qué es la realidad? Aquello que cada día nos mata un poco, como ahora mismo me estáis matando vosotros a mí.

CARLOTA. No dramatices, mamá...

TERESA. Me siento tan sola...

GENERAL. No lo estás. *(La abraza)*. Volviendo a Andrés...

TERESA. ¡Mi hijo pequeño detenido por la policía! Ya no podría habernos ocurrido mayor desgracia. ¿Por qué?

GENERAL. Buena pregunta, Teresa. ¿De quién es la culpa?

DAMIÁN. Mía no, desde luego.

CARLOTA. Tú nunca tienes la culpa de nada, hermano.

TERESA. ¿A qué viene hablar de culpas?

GENERAL. No, si al final, la responsabilidad de que Andrés esté ahora mismo en un calabozo, pendiente de comparecer ante un juez y de deshonrarnos a todos, va a ser mía.

DAMIÁN. Por mi parte no me sentiré deshonrado, haya hecho lo que haya hecho Andrés.

GENERAL. Tu ya estás suficientemente deshonrado.

DAMIÁN. No vas a conseguir ofenderme, querido papito.

GENERAL. ¡No me vuelvas a llamar así! ¡Soy tu padre!

TERESA. ¡Me vais a volver loca!

CARLOTA. Esta conversación me está pareciendo francamente nauseabunda. ¿Pretendéis que sienta asco de pertenecer a esta familia?

DAMIÁN. Me temo que está empezando a dejar de ser una familia.

GENERAL. No, mientras siga yo al frente.

DAMIÁN. ¡A sus órdenes, mi general!

GENERAL. *(Iracundo, alzando una mano).* ¡Búrlate, encima, degenerado! ¡Debería, debería...!

TERESA. *(Agarrándole el brazo).* ¡No se te ocurra pegarle, Joaquín! Por favor, por favor. *(Sollozando).*

(Siguen unos momentos de confusión. El general consuela a la madre, que ha roto a llorar y parece al borde de un ataque de histeria. Los dos se han sentado en un sofá y permanecen abrazados. Damián se acerca al mueble bar y se sirve una copa de fino. No ofrece a su hermana, pero ella se acerca y se sirve otra por su cuenta. Ambos beben mirándose fría e inexpresivamente).

GENERAL. Vais a matar a vuestra madre. Y ahora, encima, os ponéis a beberos mi Tío Pepe... ¡Muy bien!

TERESA. Os lo suplico, ¡dejad de discutir! Ya me he recuperado, estoy mejor... Pensemos en Andrés. ¿Qué ha podido pasar? Me lo estoy imaginando en una horrible celda, rodeado de facinerosos, sin comida ni bebida...

CARLOTA. *(Se mueve por el escenario como presa de cierta inquietud y se retuerce las manos antes de declarar).* Tengo algo que deciros. Normalmente no os lo contaría, pero dadas las circunstancias... Andrés tiene problemas...

GENERAL. ¿Qué clase de problemas?

CARLOTA. No es feliz.

DAMIÁN. ¿Y quién lo es? ¿Tú, Carlota?

CARLOTA. No es momento de hablar de mí.

GENERAL. *(A Carlota).* Por lo que dices, deduzco que Andrés y tú os habéis mantenido en contacto durante todo este tiempo que no has vivido en casa.

CARLOTA. Me escribe de vez en cuando por wasap, de algún modo busca mi compañía. Como Damián le lleva diez años se siente más próximo a mí. Y eso que no coincidimos en nada. Políticamente hablando, Andrés es un facha.

GENERAL. No eres la más indicada para criticar a tu hermano por sus ideas.

TERESA. ¿Qué problemas tiene Andrés? ¿Por qué dices que no es feliz, Carlota?

CARLOTA. Ha conocido a una mujer mayor por la que siente algo muy fuerte, pero parece ser un amor imposible.

TERESA. ¿Cómo de mayor es esa señora?

CARLOTA. Creo que tiene unos treinta y cinco años.

GENERAL. ¿Casada?

CARLOTA. Sí.

TERESA. ¿Qué más sabes de ella?

CARLOTA. Que su marido es alguien influyente. Un político, creo.

GENERAL. ¿Cómo se llama?

CARLOTA. Él, no lo sé. A ella, Andrés la llama «Susa».

DAMIÁN. Susana, obviamente. Pero no la casta Susana.

GENERAL. ¿Podemos localizarla?

CARLOTA. ¿Para qué?

GENERAL. Para que nos explique qué le ha hecho a nuestro hijo.

DAMIÁN. ¿Además de calzárselo?

GENERAL. La corrupción de menores es un delito.

DAMIÁN. Andrés acaba de dejar de ser un menor. Es un adulto libre para hacer lo que quiera.

GENERAL. Esa furcia mal casada lo ha corrompido durante su minoría de edad.

DAMIÁN. *(Con desprecio).* ¿Corrompido?

CARLOTA. Enamorarse no tiene nada de corrupto, papá.

TERESA. ¿Por qué suponéis que están liados? No sabemos quién es esa mujer ni qué relación tiene con nuestro hijo.

GENERAL. Influencia, ninguna buena, seguro.

CARLOTA. Si lo llego a saber no os cuento nada.

DAMIÁN. ¿Y qué es lo que nos has contado, Carlota? ¿Eso es todo lo que sabes de Andrés? ¿Qué tiene un rollo con una mujer casada? Hay cosas mucho más graves. ¿No sabéis que se droga desde los quince años?

GENERAL. ¡Qué dices!

DAMIÁN. Incluso antes.

GENERAL. Y tú calladito, sin dar la voz de alarma. ¡Serás, serás...!

DAMIÁN. ¿Contraproducente?

GENERAL. *(Encarándose con su hijo).* ¡Encima, provócame, degenerado!

TERESA. ¡Joaquín, por Dios! *(Tirando de él).* Vamos corriendo a esa comisaría. Andrés nos necesita, hay que sacarlo de allí.

GENERAL. Voy a llamar a Bernardo Galbe, nuestro abogado.

TERESA. Lo llamaremos de camino, no perdamos más tiempo. ¡Vamos!

(Salen).

ESCENA 10

(Los dos hermanos solos en el escenario).

CARLOTA. Hace más de tres horas que se fueron nuestros padres. ¿Qué estarán haciendo?

DAMIÁN. Intentar sacar a Andrés de esa comisaría, pero no debe de ser tan fácil.

CARLOTA. ¿Y si no lo consiguen? ¿Y si el juez considera que Andrés debe seguir en el calabozo, o decide enviarlo a prisión?

DAMIÁN. Todavía no sabemos qué ha hecho nuestro hermano ni de qué se le acusa. Puede que sea algo gordo de verdad.

CARLOTA. El agente que dio el aviso insinuó que había golpeado a un policía... Las penas por ese delito van de tres a seis años.

DAMIÁN. Estás muy bien informada, hermanita.

CARLOTA. Me he visto envuelta en alguna redada, sé cómo se las gastan los maderos...

DAMIÁN. ¿Te han detenido alguna vez?

CARLOTA. Hasta ahora me he librado, pero algunos colegas míos han estado en la cárcel. Contaban cosas horribles... No puedo imaginarme a Andrés en una prisión. ¿Qué le harían los otros reclusos? ¡No quiero ni pensarlo! *(Cambia a un tono más tierno).* Es muy descorazonador volver a casa llena de ilusión y encontrarme con semejante panorama.

DAMIÁN. ¿Llena de ilusión? ¡Serás hipócrita, Carlota! ¡Pero si no has querido vernos en dos años! ¡Si te fuiste de esta casa dando un portazo! ¡Si nuestros padres se han matado para intentar recuperarte y ni siquiera has contestado a sus llamadas!

CARLOTA. De sabios es rectificar.

DAMIÁN. ¿Qué te ha hecho cambiar? ¿Necesitas dinero?

CARLOTA. ¿A eso crees que he venido?

DAMIÁN. Sospecho que te has presentado a negociar tu subida salarial. Ahora mismo estás en ochocientos euros al mes. Nada mal para una anarquista antisistema que no cree en el capitalismo.

CARLOTA. *(Con una mezcla de irritación y asombro).* ¡Serás ruin! ¿Cómo te has enterado?

DAMIÁN. He visto la cuenta de mamá.

CARLOTA. ¿Ella sabe que lo sabes?

DAMIÁN. No.

CARLOTA. Es verdad que recibo ese dinero de parte de mamá, no voy a negarlo. Tengo gastos.

DAMIÁN. ¿Cuáles? Porque vives de okupa, ¿no? ¿No sois autosuficientes atracando cajeros y robando a los chinos!

CARLOTA. *(Un tanto abatida).* He tenido que hacer frente gastos médicos.

DAMIÁN. *(Un poco más cariñoso).* ¿Has estado enferma?

CARLOTA. He sufrido un aborto. Me intervinieron hace un mes.

DAMIÁN. No lo sabía, lo siento. ¿De modo que yo iba a tener un sobrino?

CARLOTA. Sobrina. Era una niña. Estaba de cuatro meses.

DAMIÁN. ¿Quién era el padre?

CARLOTA. No lo sé.

DAMIÁN. ¿Algún colega de tu comuna?

CARLOTA. Probablemente.

DAMIÁN. *(Afectuoso).* ¿Te has recuperado de la intervención?

CARLOTA. Estoy hecha polvo.

DAMIÁN. ¿Vas a volver con ellos, a ese asqueroso piso de okupas?

CARLOTA. Sí, y no es tan asqueroso. Lo limpiamos por turnos...

DAMIÁN. Hacéis el amor por turnos...

CARLOTA. *(Sonríe).* Cocinamos por turnos...

DAMIÁN. Pagáis el alquiler por turnos...

CARLOTA. *(Ríe).* ¡Eso nunca!

DAMIÁN. ¿Qué te une a esa gente?

CARLOTA. El sueño de mejorar las cosas.

DAMIÁN. ¿Cambiar el mundo, te refieres?

CARLOTA. O destruirlo.

DAMIÁN. No puedo ayudarte a cambiar el mundo, pero sí a enderezar tu vida.

CARLOTA. ¿Tú? ¿Un niño pijo, un vago, un «nini»?

DAMIÁN. Este «nini» podría contribuir a mejorar tu economía.

CARLOTA. ¿Cómo?

DAMIÁN. Soy un hombre de negocios.

CARLOTA. ¿Has montado una empresa?

DAMIÁN. Podría decirse.

CARLOTA. ¿Dónde está tu oficina?

DAMIÁN. Aquí. *(Le enseña el móvil).*

CARLOTA. ¿Quiénes son tus clientes?

DAMIÁN. Vosotros. Papa, mamá y tú. Andrés todavía no, pues aún no tiene cuenta corriente, pero en cuanto la abra pasará también a mi cartera de clientes.

CARLOTA. No te entiendo. ¿Qué estás haciendo exactamente, Damián?

DAMIÁN. Asegurarme de que los recursos de la familia se invierten correctamente. Mira, Carlota, fíjate bien. Aquí tengo los balances de todas las cuentas familiares. *(Vuelve a mostrarle la pantalla del móvil)*. Las de papá y mamá no guardan grandes secretos, a excepción de la transferencia de tus ochocientos euros mensuales desde la cuenta de mamá, pero he descubierto otra cuenta abierta en la Isla de Jersey, un paraíso fiscal. Está a nombre de papá y de otros dos generales amigos suyos, Jacinto Castroviejo y Manuel Rebullida. Fíjate en el saldo. *(Le muestra la pantalla)*.

CARLOTA. ¡Cuatro millones de euros!

DAMIÁN. Curiosamente, han sido ingresados en pequeñas cantidades y desde oficinas bancarias de distintos países.

CARLOTA. Como si no quisieran dejar huella... Pero, ¿cómo te has enterado? Es muy difícil obtener información de los paraísos fiscales.

DAMIÁN. A pesar de que nuestro padre es un experto en inteligencia militar, se muestra muy descuidado con su móvil. Sigue hablando con altos mandos del ejército. ¡No te imaginas lo que dicen del Gobierno!

CARLOTA. ¿Escuchas sus conversaciones? *(Damián guarda silencio)*. Sabrás que invadir la intimidad ajena es una falta grave.

DAMIÁN. No, si se hace por una buena causa.

CARLOTA. ¿Cuál?

DAMIÁN. La defensa de nuestro Estado de Derecho, su división de poderes, su libertad de expresión... Imagínate que algunos quieran atentar contra todo eso.

CARLOTA. Entre esos «algunos», ¿incluyes a nuestro padre?

DAMIÁN. Me temo que nuestro padre, el famoso general Ayala, está organizando un golpe militar. Si el referéndum de independencia triunfa en Cataluña, él y otros militares sacarán los tanques a la calle, como antaño hicieron Tejero y Milans del Bosch.

CARLOTA. ¿Quiénes?

DAMIÁN. Hubo un golpe militar en 1981. ¿No te acuerdas del 23-F?

CARLOTA. Nací en el 2000.

DAMIÁN. Y yo en el 95, pero eso no es excusa para ignorar la historia. En 1981, hace cuarenta y cinco años, nuestro padre combatió a los militares rebeldes. Ahora, en cambio, es él quien se levanta contra un orden democrático en el que ya no cree...

CARLOTA. Y por eso lo espías.

DAMIÁN. Y por otras razones.

CARLOTA. ¿Cuáles?

DAMIÁN. No me acabo de fiar de nadie para asegurar mi posición.

CARLOTA. ¿Qué posición, Damián?

DAMIÁN. La que ya disfruto.

CARLOTA. ¿Pretendes seguir siendo toda la vida un «nini»?

DAMIÁN. Aspiro a representar dignamente a los Ayala, gloriosa cuna de conquistadores, diplomáticos, militares... y a gestionar con cabeza la fortuna familiar.

CARLOTA. *(Con desprecio).* Cuando hace dos años me fui de esta casa ya te habías convertido en un parásito; pero ahora eres un monstruo.

DAMIÁN. Soy previsor, me limito a prevenir el futuro. En esta casa hay mucho dinero y bastante poder, Carlota. Alguien tendrá que administrarlo y disfrutarlo en el futuro, cuando ya no estén nuestros padres.

CARLOTA. Nada hace pensar que papá y mamá no vayan a vivir muchos años.

DAMIÁN. Te equivocas, Carlota. Morirán antes de lo que imaginas.

CARLOTA. ¿Por qué dices eso? ¿Cómo lo sabes?

DAMIÁN. Tengo acceso a sus informes médicos.

CARLOTA. Esto es increíble... ¡Eres un enfermo, Damián!

DAMIÁN. El que se encuentra bastante enfermo es papá. Su viejo corazón está muy delicado, tiene la tensión por las nubes y en cualquier momento puede sufrir un ictus. En cuanto a mamá, se le ha declarado un cáncer de ovarios con mal pronóstico.

CARLOTA. ¿Te lo han dicho ellos?

DAMIÁN. No. Y es más: papá no sabe que mamá tiene cáncer y mamá no sabe que a papá lo amenaza un infarto.

CARLOTA. *(Escandalizada).* También estás espiando a nuestra madre...

DAMIÁN. Espiar es una palabra muy fea y ya la has empleado dos veces.

CARLOTA. ¿Y a mí, también me espías a mí?

DAMIÁN. No, o habría sabido lo de tu aborto. Deberías estarme agradecida a mis «trabajos de investigación». Pueden beneficiarte y mucho. ¿Sabes a cuánto asciende nuestro patrimonio familiar? *(Consulta el móvil).* En fondos bancarios tenemos más de dos millones de euros. En efectivo, otro millón en dos cajas fuertes. Una está detrás de ese cuadro *(señala un lienzo del salón)*, la otra en un banco. A eso hay que sumar una docena de propiedades entre pisos, solares y locales...

CARLOTA. *(Reflexivamente).* Más los cuatro millones de euros de esa misteriosa cuenta de la isla de Jersey.

DAMIÁN. Me temo que ese dinero nunca será para nosotros. Lo demás, sí ¿No dices nada, Carlota? Te estoy ofreciendo un porvenir.

CARLOTA. No vas a poder darme nada que yo no vaya a poseer en el futuro, Damián. El dinero y los bienes de nuestra familia llegarán a mí por herencia natural. Mamá me ha dicho muchas veces que le encantaría que un día me hiciera cargo de su tienda de antigüedades.

DAMIÁN. *(Chanceándose).* Tienes una pinta de anticuaria que tira para atrás.

CARLOTA. Nunca he sido tan relamida ni cursi como tú.

DAMIÁN. ¿De verdad te has creído esas promesas de mamá? Yo, en tu lugar, no estaría tan segura.

CARLOTA. ¿Por qué lo dices?

DAMIÁN. ¿Te gustaría saber cuál es la última voluntad de nuestros padres?

CARLOTA. ¿También has tenido acceso a su testamento?

DAMIÁN. También.

CARLOTA. *(Irónica).* ¿Lo llevas en el móvil?

DAMIÁN. No, porque está depositado en la notaría, pero conozco sus términos. Los he oído hablar y están de acuerdo. De hecho, ya han firmado. Tengo grabaciones, si quieres oírlas.

CARLOTA. ¿Has puesto micrófonos en casa? *(Damián no contesta).* ¿Hay micros aquí, en el salón? *(Mira los techos, las paredes).* ¡Damián, te he hecho una pregunta!

DAMIÁN. Ahora mismo no están operativos, pero sí... Tú yo estamos desheredados, Carlota. Nuestros desagradecidos padres no van a dejarnos ni un euro. A ti por largarte de casa y a mí por no querer irme ni con lejía.

CARLOTA. ¿Quién va a heredar, entonces?

DAMIÁN. Será todo para nuestro hermano Andrés.

CARLOTA. Para ti y para mí, ¿nada?

DAMIÁN. La calle para correr. Tú ya estás acostumbrada a la indigencia, como okupa que eres, pero yo...

CARLOTA. *(Con aire de lamentación).* Todo para Andrés...

DAMIÁN. Qué injusticia, ¿verdad?

CARLOTA. Desde luego.

DAMIÁN. Habría que hacer algo, Carlota.

CARLOTA. ¿El qué?

DAMIÁN. ¡Demos un golpe! Urdamos una conspiración. Como la que papá está maquinando contra el gobierno, pero en nuestra familia, ¿entiendes? ¡Contra la tiranía doméstica del general Ayala! Me vendría muy bien tu ayuda.

CARLOTA. ¿Qué puedo ofrecerte yo?

DAMIÁN. Una alianza contra nuestro hermano Andrés. Por el momento, él gana la partida. En nuestra mano está que la pierda. Nos estamos jugando mucho, Carlota. Si Andrés hereda lo tendrá todo, el dinero, las propiedades... Y nosotros nada.

CARLOTA. Eres un ser maquiavélico.

DAMIÁN. No menos egoísta ni interesado que tú.

CARLOTA. *(Cayendo en la cuenta).* Un momento, ya entiendo... Por eso acabas de acusar a Andrés de drogarse desde los quince años. ¿Es cierto o te lo has inventado para perjudicarlo delante de nuestros padres?

DAMIÁN. En cualquier caso, será él quien deberá desmentirlo.

CARLOTA. Lo has calumniado... ¡Y pretendes que te apoye en tus inmorales planes!

DAMIÁN. Por la cuenta que te trae... ¡Tampoco te pido tanto, hermana! Seguro que a cualquier hombre de los muchos a los que has conocido íntimamente le habrás dado bastante más que a mí.

CARLOTA. ¿Más qué? ¿Más amor? También podría dártelo a ti.

DAMIÁN. *(Extrañado).* ¿Amor de hermana?

CARLOTA. *(Insinuante).* ¿Puedo hacerte una pregunta muy personal, Damián?

DAMIÁN. Tienes todo el derecho a formularla, como yo a no responderla.

CARLOTA. ¿Has estado con alguna mujer?

DAMIÁN. Sí.

CARLOTA. ¿Con cuántas?

DAMIÁN. Con dos.

CARLOTA. ¿Y qué pasó?

DAMIÁN. Con la primera, nada de lo que ella esperaba.

CARLOTA. ¿Y con la segunda?

DAMIÁN. Con la segunda, todo lo que yo me temía.

CARLOTA. De modo que esas experiencias salieron mal.

DAMIÁN. Ni siquiera llegaron a serlo.

CARLOTA. ¿Tan inexpertas eran ellas?

DAMIÁN. Desde luego, no tenían tu práctica.

CARLOTA. Podría darte una bofetada por eso, pero mejor voy a hacer otra cosa.

(*Carlota se le acerca y le acaricia el pelo. Parece que va a darle un beso pero él le aparta la cara y la rechaza con brusquedad*).

DAMIÁN. ¿Qué estás haciendo? ¡Sería algo monstruoso!

CARLOTA. No tanto como tú.

DAMIÁN. ¡Se llama incesto!

CARLOTA. ¡Qué palabra más horrible! Suena como una enfermedad sin cura.

DAMIÁN. Tú sí que estás enferma, Carlota. ¡Muy enferma, incurable!

CARLOTA. *(Cínica).* Mi medicina no te sentaría nada mal.

DAMIÁN. Espero que no vuelvas a intentar dármela.

CARLOTA. Cuando éramos niños solíamos dormir juntos. Tú me acariciabas para que pudiera dormir, porque sola tenía miedo. Ahora eres tú el que está solo y quien tiene miedo, aunque no sé a qué.

(Se oyen voces en el vestíbulo de la casa).

DAMIÁN. ¡Silencio! Parece que vuelven nuestros padres.

CARLOTA. Y con Andrés, acabo de oír su voz.

DAMIÁN. Recuerda que tenemos un pacto, Carlota.

CARLOTA. Vamos a sellarlo. *(Besa a su hermano; él se deja besar, pero en seguida la rechaza, aunque con menos fuerza que antes).*

DAMIÁN. Había perdido una hermana, pero he recuperado una víbora. La serpiente era mujer, no hay duda.

ESCENA 11

(Entran los padres con Andrés, que se muestra agitado y nervioso. El chico viste con estética neonazi. Lleva una cazadora militar, que se quita al entrar, una camiseta, un pantalón vaquero ajustado y botas).

CARLOTA. ¡Andrés! *(Va hacia él, lo abraza, mientras Damián permanece inmóvil, indiferente).* ¿Cómo estás, hermanito?

ANDRÉS. Mal, muy mal. ¡Esos cabrones me han maltratado, me han humillado!

CARLOTA. ¡Los denunciaremos! ¿Has hecho fotos? ¿Tienes algún vídeo?

GENERAL. ¿Tú habrías filmado a los policías, Carlota?

CARLOTA. Ya lo creo, ¡en defensa de mis derechos!

ANDRÉS. Pues yo no pude. Me quitaron el móvil nada más esposarme.

CARLOTA. *(Sublevada).* ¿Te esposaron?

DAMIÁN. ¿Qué se siente con un par de esposas bien puestas? ¿Te gustan las esposas de otros?

ANDRÉS. ¿Qué quieres insinuar, Damián? ¿Se trata de algún juego de palabras de los tuyos?

DAMIÁN. Me encantan los juegos para todas las edades. Para chicos jóvenes y señoras mayores...

ANDRÉS. *(Nervioso).* ¿Adónde quieres ir a parar?

DAMIÁN. El adulterio, como el incesto, ¿es una tentación o un pecado?

CARLOTA. ¿A qué viene hablar del incesto?

TERESA. ¿Y a qué viene hablar del adulterio?

ANDRÉS. Estás muy loco, Damián, y lo malo es que no te das cuenta.

GENERAL. *(A Damián).* No son momentos de jugar a las adivinanzas, Damián. Deberías dejar de leer a ese André Gide, que tanto te está trastornando. *(Se dirige al hijo menor).* Y tú estás muy desorientado, Andrés, agotado después de la nochecita que has debido de pasar en esa comisaría... Ven, siéntate y hablemos.

ANDRÉS. Prefiero irme a mi habitación. No quiero hablar con nadie.

TERESA. Nos merecemos una explicación. Siéntate con nosotros, Andrés, por favor.

ANDRÉS. *(Intenta salir, pero su padre lo agarra).* ¡Déjame! ¡No quiero estar con vosotros ni un minuto más!

GENERAL. *(Violento, zarandeando a su hijo menor).* ¡Cállate! ¿Te crees que me ha divertido ir a sacarte de un calabozo como a un vulgar delincuente? ¿De qué modo me vas a compensar la vergüenza que me has hecho pasar? ¡Siéntate!

(Toman asiento todos menos Damián, que permanece en pie y se pone otra copa de vino).

GENERAL. Muy bien, Andrés. Cuéntanos tu versión. ¿Qué ocurrió anoche y por qué te detuvieron?

ANDRÉS. No recuerdo muy bien lo que pasó...

TERESA. ¿Bebiste mucho, hijo?

ANDRÉS. Dos o tres cubatas.

DAMIÁN. *(Acercándosele por detrás con la copa en la mano).* ¿En toda la madrugada? ¿Nada más? Pues sí que te controlaste.

ANDRÉS. ¿Me estás interrogando? ¡Ya he tenido bastante con las preguntas de esos malditos policías!

GENERAL. ¿Tomaste algo más, Andrés?

ANDRÉS. ¿A qué te refieres?

GENERAL. No te hagas el tonto. A cualquier tipo de droga.

ANDRÉS. No soy ningún drogadicto.

GENERAL. No son esas las noticias que tengo. ¿Desde cuándo fumas porros, Andrés?

ANDRÉS. Desde nunca.

DAMIÁN. No seas mentiroso, hermanito. Todos hemos probado la marihuana o el hachís. ¿Fumaste ayer?

ANDRÉS. Puede que unas pocas caladas...

DAMIÁN. Y te tomarías unas cuantas copas...

ANDRÉS. Soy un chico de diecisiete años y necesito divertirme de vez en cuando, ir de fiesta con los amigos, bailar con chicas...

GENERAL. A eso no se opone nadie, hijo, si son de la edad adecuada.

DAMIÁN. No tienes diecisiete, sino dieciocho años, Andrés. Has cumplido la mayoría de edad del Código Penal

ANDRÉS. ¿Qué tiene que ver el Código Penal conmigo?

CARLOTA. ¡Podrías ir a prisión!

ANDRÉS. *(Aturdido).* ¿Yo? ¿Ir yo la cárcel? ¿Por qué?

GENERAL. Por haber agredido a un agente.

TERESA. *(Haciendo el gesto de unas comillas).* Supuestamente, Joaquín. Existe un concepto llamado «presunción de inocencia», recuérdalo.

ANDRÉS. Gracias, mamá. Fueron ellos los que me golpearon primero.

CARLOTA. Yo te creo, hermano.

DAMIÁN. Yo, no.

ANDRÉS. Eres un mariconazo.

DAMIÁN. Y a mucha honra.

TERESA. Cuéntanoslo todo, hijo.

GENERAL. Y con el mayor detalle que recuerdes. Tenemos que saber a qué atenernos.

ANDRÉS. *(Sentándose en el filo del sofá y hundiendo la cabeza entre las manos).* Debían ser las cinco o las seis de la madrugada. Un amigo y yo estábamos en la puerta de una discoteca sin dinero para entrar. Mi amigo intentó colarse. Los porteros lo arrinconaron y empezaron a pegarle. Lo defendí y se montó una tangana. La policía no tardó en llegar. Fui a hablar con ellos civilizadamente pero me trataron como un despojo. Me empujaron contra el coche patrulla y se pusieron a cachearme...

DAMIÁN. ¿Encontraron algo?

ANDRÉS. ¡Mi par de huevos y mi polla serrana, no te jode!

TERESA. *(Escandalizada).* ¡Andrés, por favor! ¿Qué lenguaje es ese?

GENERAL. Exprésate con corrección, hijo.

DAMIÁN. Eso, que no estamos en el bar de oficiales.

GENERAL. *(Al hijo mayor).* Abstente por favor de cualquier alusión al ejército, su moral está bastante por encima de la tuya.

TERESA. ¿Os queréis callar los dos? Sigue hablando, Andresín.

ANDRÉS. Al sentirme inmovilizado, manoseado y vejado me revolví y solté una hostia, puede que le diera a alguno....

TERESA. *(Maternal).* Habla bien...

ANDRÉS. A partir de entonces, no me acuerdo de casi nada. Me esposaron, me metieron al coche patrulla y de ahí a un calabozo donde había unos cuantos detenidos más. Todos extranjeros, ninguno hablaba español. Las condiciones eran tercermundistas, con un agujero para mear y...

TERESA. Habla bien...

ANDRÉS. *(Burlón).* Una letrina infecta para orinar, arrojar y hacer de vientre. ¿Así te gusta más, mamá?

TERESA. La verdad es que suena casi igual de mal.

DAMIÁN. Es lo que tiene el lenguaje escatológico.

GENERAL. ¿En el amor griego es más elegante?

DAMIÁN. Por mucho que quieras ofenderme no lo vas a lograr.

GENERAL. Es lo que tiene el orgullo.

TERESA. ¡Por favor!

CARLOTA. *(A Andrés).* ¿Antes de encerrarte en el calabozo, te leyeron tus derechos?

ANDRÉS. *(Riendo amargamente).* Yo creo que esos zoquetes con uniforme no sabían ni leer.

GENERAL. Basta de burlas. Esos policías se limitaron a cumplir con su deber.

ANDRÉS. ¿Estás de su parte, papá?

CARLOTA. ¡Por supuesto que lo está, los polis son de los suyos! Igual que la Guardia Civil y el resto de cuerpos represores.

GENERAL. Hay muchos patriotas entre ellos, Carlota. Yo mismo, para empezar.

ANDRÉS. Yo también soy un patriota.

GENERAL. ¡Bien dicho!

CARLOTA. Claro, España es vuestra.

GENERAL. Desde luego, no es de quienes quieren romperla.

DAMIÁN. ¿Qué tal si volvemos a nuestro asuntillo familiar?

TERESA. Tienes razón, hay cosas más importantes que España.

ANDRÉS. Yo creo que no hay ninguna, mamá.

GENERAL. *(Orgulloso).* Me gusta que pienses así, Andrés.

CARLOTA. ¿Cómo un neonazi?

GENERAL. *(Paciente).* Tus ideas son demasiado simples, Carlota.

CARLOTA. ¡Qué sabrás tú de mis ideas!

GENERAL. Dejemos la política y volvamos al tema de Andrés... Según ha podido saber nuestro abogado, uno de los agentes resultó contusionado y otro con fractura de nariz. *(Carlota se echa a reír).* ¿Te hace gracia, hija? ¿A ti también? *(Andrés* *sonríe, asimismo).* No sé de qué os reís, de divertido no tiene nada. Ambos agentes hubieron de ser atendidos en un hospital. Habrá partes médicos y testigos de las agresiones. Óyeme bien, Andrés. Si te acusan de haber causado esas lesiones, nuestro abogado va a tener bastante trabajo para justificarlas.

ANDRÉS. Actué en defensa propia. Fueron ellos quienes me atacaron.

GENERAL. Los policías no «atacan» a nadie.

ANDRÉS. ¡Esos salvajes, sí!

DAMIÁN. No creo que con ese argumento convenzas a un juez.

TERESA. ¿Es que va a haber un juicio?

GENERAL. Eso me temo.

ANDRÉS. Lo único que hice fue defenderme.

CARLOTA. ¿Qué ocurrirá con Andrés? ¿Lo condenarán?

TERESA. ¡Dios no lo quiera!

DAMIÁN. No parece que Dios nos esté ayudando demasiado.

GENERAL. A educaros, desde luego que no.

TERESA. No vamos a discutir otra vez acerca de su educación, ¿de acuerdo, Joaquín?

GENERAL. Si no hubiese ido a ese instituto... ¿Cuándo te torciste tú, Andrés?

TERESA. ¡Y dale con los torcimientos y los retorcimientos!

CARLOTA. ¿Por qué no te gustamos, papá? ¿No te das cuenta de que con tu actitud...

GENERAL. ¿Qué actitud?

CARLOTA. Autoritaria. ¡Despótica!

ANDRÉS. A mí me gusta como eres, papá.

GENERAL. Gracias, hijo.

DAMIÁN. Yo estoy con Carlota. Nunca nos has escuchado.

CARLOTA. ¿Por qué nos has ignorado? ¿Te lo has preguntado alguna vez, papá? Eso nos ha hecho mucho daño.

GENERAL. Menos del que vosotros me habéis hecho a mí. Conozco a pocos padres de familia tan defraudados como yo. Se ve que no he tenido suerte con la mía.

TERESA. *(Compungida).* Es muy triste oírte decir eso, Joaquín.

ANDRÉS. Pues yo estoy muy orgulloso de pertenecer a esta familia. ¡Los Ayala, sí, señor! Y voy a darte una alegría, papá. Quiero ser militar. Comparto tus ideas sobre España y considero mi deber defenderla de nuestros enemigos.

CARLOTA. ¿Y quiénes son esos enemigos, si se puede saber?

ANDRÉS. Los rusos, los moros y los malos catalanes.

CARLOTA. Pero que facha eres...

GENERAL. *(Emocionado).* Me das una gran alegría, Andrés. He dedicado mi vida al ejército, y a España, y ya pensaba que ninguno de mis hijos iba a heredar mis ideales, pero con lo que acabas de decir todo cambia.

ANDRÉS. Yo también cambiaré, papá. Sé que he hecho muchas cosas mal, pero ten en cuenta que soy un chaval de diecisiete años y necesito de vez en cuando salir de fiesta...

DAMIÁN. Dieciocho, Andrés, recuerda que tienes dieciocho. La edad del Código Penal.

(Suena el teléfono. Lo coge Andrés).

ANDRÉS. Es el abogado, Bernardo Galbe. ¿Hablo con él?

GENERAL. No, dame. *(Coge el teléfono)*. Sí, Bernardo, puedo hablar... No, espera un momento. *(Echa un desconfiado vistazo al resto de la familia).* Salgo un momento al jardín, hablaremos más tranquilos.

(El padre sale del salón y se dirige al jardín para hablar privadamente).

ESCENA 12

(El padre se queda en el jardín, hablando por teléfono, sin que se le oiga la voz y difuminado por la penumbra. Se le ve nervioso, sentándose, levantándose, tomando alguna nota de lo que le dice el abogado. Los demás siguen en el salón, los cuatro conversando entre sí muy agitados).

CARLOTA. Anímate, por favor, mamá. *(La consuela porque está a punto de llorar).*

DAMIÁN. *(A Andrés).* Buena la has liado, cabroncete.

ANDRÉS. Os juro que no fue culpa mía. Esos malditos monos de uniforme me provocaron y perdí los nervios.

TERESA. Yo te creo, hijo.

ANDRÉS. *(Abraza a su madre).* Gracias, mamá.

CARLOTA. Yo también te creo, hermanito.

DAMIÁN. Pues yo no. Esto tenía que pasar antes o después. El que con fuego juega se acaba quemando. A tus malas compañías, esa pandilla de neonazis con los que andas, hay que añadir tus vicios...

ANDRÉS. ¡Cállate, chivato!

TERESA. Di lo que tengas que decir, Damián, no es momento de callar nada.

DAMIÁN. No tengo nada más que añadir, salvo que, a pesar de todo, sigo siendo partidario de la unión familiar. Y ahora que ha regresado Carlota de su exilio voluntario, de la reunificación.

CARLOTA. *(Meneando la cabeza).* Es imposible ser más pedante.

TERESA. No voy a permitir que mi familia se rompa. Voy a seguir luchando para mantenernos juntos y sufriendo lo que haga falta. Todos hemos cometido errores, yo la primera.

CARLOTA. ¿Tú, mamá? ¿Cuáles? ¡Si eres doña perfecta!

TERESA. No, hija, no lo soy. Un día te contaré... Ahora mismo, lo más urgente es hacer frente a esta crisis. Vuestro padre está destrozado, acabáis de verlo. Me parece que lo escucho hablar con el abogado... *(El padre, entrevisto en la penumbra, sigue conversando por teléfono en el ángulo del jardín).* Galbe teme que puedan encausarte, Andrés. Vamos a hacer todo lo posible por evitar que eso ocurra y que nuestro buen nombre se vea afectado.

CARLOTA. El buen nombre, el apellido eso es lo único que os preocupa. ¡Los Ayala!

DAMIÁN. *(Hace un gesto declamatorio con la mano derecha y engola la voz).* Gloriosa estirpe de conquistadores, aristócratas, diplomáticos, militares...

TERESA. Más que nuestro prestigio me preocupas tú, Andrés. Deberías sentirte avergonzado, pero no observo en ti el menor arrepentimiento, y eso me preocupa tanto como lo que hayas podido hacer esta pasada noche.

ANDRÉS. No tengo nada de lo que arrepentirme. Soy un hombre y los hombres no piden perdón.

TERESA. Es justo al contrario. Los hombres muy hombres son los más humildes.

CARLOTA. ¿Por qué te sientes tan machito de repente? ¿Por haber hostiado a un policía o por estar tirándote a una mujer casada?

TERESA. Habla bien...

ANDRÉS. *(Señalando a Carlota).* ¡Ahora eres tú la que se ha chivado!

TERESA. No la tomes con tu hermana, Andrés. Carlota ha hecho bien en contarnos lo de ese... romance tuyo. Puede que sea necesario ayudarte, protegerte...

ANDRÉS. ¿Protegerme de quién, de Susa?

DAMIÁN. De la que dejó de ser la casta Susana para convertirse en pedófila.

ANDRÉS. Eres un cabrón.

DAMIÁN. ¿Es compatible con ser maricón?

TERESA. ¡Callaos los dos! Entonces, ¿es verdad? ¿Estás enamorado de una mujer casada de treinta y tantos años?

ANDRÉS. Treinta y cinco. Y, sí, es verdad, estoy, absoluta, total, profundamente enamorado de Susa.

TERESA. ¿Y ella de ti?

ANDRÉS. Yo creo que también.

TERESA. Atiende, cariño... Esto no puede ser más que una ilusión, un espejismo pasajero...

CARLOTA. Por su parte, está claro que es un capricho.

DAMIÁN. Por parte de Andrés, una muesca en el cinturón. ¡Bravo, machote!

ANDRÉS. Vosotros no lo entendéis. No podéis entenderme a mí ni podríais entenderla a ella. Susa es la única persona que me comprende en este mundo. Es una mujer maravillosa. Inteligente, sensible, me apoya en todo, y cree en mí, en mi futuro... En nuestro futuro.

TERESA. ¿Nosotros no?

ANDRÉS. Es muy distinto, mamá. Aquí me tratáis muy bien, es cierto. Sé que me queréis, que tú me adoras y que papá me querrá más desde que sabe que quiero ser militar, pero me faltaba algo para ser feliz, hasta que conocí a Susa.

DAMIÁN. ¿Cómo la conociste?

ANDRÉS. En el gimnasio. Va mucho a entrenar. Está en plena forma, no como tú. (*Señala a Damián, que le replica con un gesto burlón*). Nos pusimos a hablar, tomamos un café y a partir de ahí todo surgió...

CARLOTA. ¿Dónde os citáis?

ANDRÉS. En cualquier sitio.

DAMIÁN. ¿En algún hotel?

ANDRÉS. A veces.

DAMIÁN. ¿Lo paga ella?

ANDRÉS. ¿A ti qué te importa?

CARLOTA. ¿Os veis en su casa?

TERESA. Contesta, Andrés.

ANDRÉS. Alguna vez.

TERESA. ¿A qué se dedica su marido?

ANDRÉS. Es diputado.

DAMIÁN. ¿Por qué partido?

ANDRÉS. Uno de centro. Liberal o algo así.

CARLOTA. ¿No es de los tuyos, de los ultras?

DAMIÁN. Te gustaría más ponerle los cuernos a uno bien rojo, ¿eh?

TERESA. ¡Esto puede ser un escándalo!

DAMIÁN. Un escandalazo, ya lo creo. A la prensa le encantan este tipo de cotilleos.

ANDRÉS. Lo que me parece un escándalo es que no le deis valor a mis sentimientos. ¡No soy ningún niñato! Estoy enamorado de Susa. Quiero que deje a su marido, que además la maltrata. Es un miserable cabrón. ¡Si lo cojo un día lo reviento!

DAMIÁN. ¿Como reventaste a los policías de anoche?

ANDRÉS. (*Acercándosele, amenazador*). No me provoques, mariconazo, no me provoques, no me provoques...

TERESA. ¡Tranquilos he dicho! Esa Susa y su marido, ¿tienen hijos?

ANDRÉS. Tres.

DAMIÁN. ¿Alguno es de tu edad?

ANDRÉS. El mayor tiene dieciséis.

DAMIÁN. Podréis jugar juntos a la play.

ANDRÉS. Muy gracioso, Damián. Como tú nunca has estado enamorado no puedes comprender la situación. Ella me quiere de verdad y está pensando seriamente en divorciarse.

CARLOTA. Me parece muy honesto y valiente por tu parte, Andrés.

TERESA. Pues a mí me parece una perfecta locura.

ANDRÉS. ¡Una locura maravillosa¡ Desde que la conozco, mi visión de la vida ha cambiado. Estoy lleno de planes, de ilusiones. Viviremos juntos, compartiendo a cada hora nuestra felicidad.

TERESA. ¿De qué viviréis?

ANDRÉS. De mi trabajo. Pienso ponerme a trabajar.

DAMIÁN. ¿No ibas a estudiar para oficial?

ANDRÉS. Puedo estudiar y trabajar al mismo tiempo.

DAMIÁN. O puedes vivir de ella. Que la tal Susa te mantenga. Que se pague sus polvos con un jovencito.

(Sigue una confusa escena. Ambos hermanos se enzarzan en una pelea. La madre y la hermana consiguen separarlos).

ANDRÉS. No quiero volver a escucharte, Damián, ni a verte, ni...

TERESA. ¡Vete a tu cuarto! ¡Y tú también, Damián! Fuera del salón. ¡Dejadnos en paz!

ESCENA 13

(Madre e hija solas en el salón).

TERESA. *(Lamentándose).* ¡Qué duro es ser madre! No te lo imaginas, Carlota...

CARLOTA. No exageres, ¡no será para tanto! De vez en cuando tendrás alguna satisfacción...

TERESA. La mayor alegría es que hayas vuelto a casa. ¡Dos años sin saber nada de ti, sin contestar mis llamadas, sin saber si vivías o estabas muerta! No sabes cuánto me alegro de tenerte aquí. Te quedarás con nosotros, ¿verdad?

CARLOTA. No lo he decidido. Puede que me quede unas semanas, unos días o solo unas horas, dependerá...

TERESA. ¿De qué?

CARLOTA. De mí.

TERESA. Hay otras cosas en el mundo además de tu ego, hijita. No puedes seguir así, viviendo de esa manera, a salto de mata, en pisos ilegales, con amigos marginales, deteriorándote... ¡Mírate! ¡Hay que ver qué melena llevas! ¿Hace cuánto que no usas un buen champú, que no te compras ropa?

CARLOTA. ¿Qué más da eso? No me gusta vuestro mundo, ¡lo odio! Tan hipócrita y plagado de aburridas convenciones... No sois más que una decadente clase de burgueses, racistas y explotadores.

TERESA. No lo dirás por mí, que ahora mismo estoy sin servicio doméstico. La última empleada de hogar se me ha despedido porque pretendía cobrar mil trescientos euros al mes. ¿Qué te parece? Casi el doble que tú.

CARLOTA. ¿Pretendes humillarme con tu limosna? ¡No quiero tu dinero! Coge tus ochocientos euros y gástatelos en ropa y champú.

TERESA. Perdona, hija. No he querido ofenderte. Estoy desquiciada, ¿no te das cuenta?

CARLOTA. Veo delante de mí a una mujer profundamente infeliz.

TERESA. Porque he criado a tres ingratos, ahí tienes el motivo.

CARLOTA. A punto has estado de conocer al cuarto.

TERESA. *(Desconcertada).* ¿Qué quieres decir, Carlota?

CARLOTA. He estado embarazada, pero he tenido un aborto.

TERESA. ¿Cuándo?

CARLOTA. Hace un mes.

TERESA. ¿Te has recuperado, te encuentras bien?

CARLOTA. Un poco triste, pero sí.

TERESA. ¿Quién era el padre de ese nieto mío que no ha llegado a nacer?

CARLOTA. No lo sé.

TERESA. Tampoco parece importarte.

CARLOTA. No demasiado.

TERESA. Supongo que ese embarazo no deseado no habrá sido más que una consecuencia de tu promiscua vida sexual.

CARLOTA. El feto padecía una malformación, por eso aborté.

TERESA. Si hubieras sido más selectiva con tus amantes, si hubieses usado protección...

CARLOTA. Según el médico, eso no tenía nada que ver. Más bien se inclinó por un problema genético.

TERESA. No sí, al final tu aborto será también culpa mía, de mis genes... ¡Por Dios, Carlota! Solo tienes veinticinco años. ¿Por qué no quieres tener una relación estable?

CARLOTA. Me gusta el sexo, mamá.

TERESA. Y a mí, pero se puede practicar con la misma persona, ¿no? ¿Qué necesidad hay de cambiar de amante tanto como de sujetador? Y eso que tú nunca has usado...

CARLOTA. No puedo querer solamente a un hombre solo, tal como tú lo entenderías. ¿Qué tiene de malo ejercer la libertad sexual?

TERESA. ¿Libertad para qué? ¿Para vivir en una cuadra, para abortar?

CARLOTA. Para sentirme viva... No como tú.

TERESA. Te equivocas conmigo, Carlota. Yo... no siempre fui la mujer que ahora ves, acomodada, resignada... Antes de conocer a tu padre...

CARLOTA. ¿Hubo algún otro? Ya lo supongo...

TERESA. No, hija, no te lo imaginas.

CARLOTA. *(Riendo).* ¿Tienes un pasado oculto o algo así?

TERESA. *(En voz baja).* Fui una mujer de la vida.

CARLOTA. *(Estupefacta).* No me lo puedo creer... ¿Una puta?

TERESA. Odio esa palabra.

CARLOTA. Pero, mamá, ¿qué estás diciendo?

TERESA. Lo que has oído.

CARLOTA. Me resulta imposible imaginarte...

TERESA. A pesar de que saqué la carrera, uve una juventud alocada, destructiva, con toda clase de problemas y adicciones. Las drogas estuvieron a punto de matarme. Estaba completamente enganchada a la coca. Para seguir costeando mis dosis me puse a trabajar en un club.

CARLOTA. ¿Papá lo sabe?

TERESA. No.

CARLOTA. ¿Nunca se lo has confesado?

TERESA. No.

CARLOTA. ¿No te habría perdonado?

TERESA. No lo creo.

CARLOTA. ¿Alguien más conoce tu pasado?

TERESA. Ese amigo de tu padre... Jacinto. Fue él quien nos presentó. Venía por el club y bebía los vientos por mí, pero en cuanto conocí a tu padre encontré en él la tabla de salvación.

CARLOTA. ¿Has vuelto a ver a ese Jacinto?

TERESA. Viene de vez en cuando por Madrid.

CARLOTA. ¿Para ver a papá?

TERESA. No solo a tu padre.

CARLOTA. ¿Para verte a ti? *(La madre afirma en silencio)*. ¡Estás liada con él!

TERESA. Digamos que le hago algunas concesiones.

CARLOTA. ¡Silencio! He oído la puerta del jardín. Es papá.

ESCENA 14

(Entra el general).

GENERAL. Malas noticias. El abogado...

TERESA. ¿Qué ha dicho?

GENERAL. Que nuestro hijo Andrés nos ha mentido.

TERESA. ¿En qué?

GENERAL. Según la policía, en todo. La versión que nos ha dado Andrés sería totalmente falsa. Ni pelea con los porteros de la discoteca ni niño muerto. Andrés y otro habrían ido a esa discoteca para negociar una entrega de droga.

CARLOTA. ¿Quién era el otro?

GENERAL. Un traficante más que fichado. Un camello habitual, lo llaman el Chapas.

CARLOTA. ¿Por qué? ¿Es chapero?

GENERAL. ¡Hija, no lo sé! Cuando lo detuvieron llevaba encima un montón pastillas.

CARLOTA. ¿A Andrés lo pillaron con algo?

GENERAL. Afortunadamente no, y por eso lo han soltado.

TERESA. ¿Qué relación tiene Andrés con ese... Chapas?

GENERAL. No lo sabemos. Está por ver que no sean cómplices. Si ese granuja implica a nuestro hijo lo llamarán a declarar.

TERESA. De modo que estamos en manos de un delincuente. ¡Haz lo que sea, Joaquín! ¡Ofrecedle dinero, si es necesario!

GENERAL. *(Dubitativo)*. Podrían denunciarnos y eso empeoraría más aún las cosas. Pero bien, lo pensaré... Le diré a Bernardo que sondee a su abogado, supongo que será uno de oficio. Quizá podamos llegar a un acuerdo.

TERESA. En este país el dinero sigue abriendo muchas puertas. Podría cerrar esta.

CARLOTA. No acabo de creerme la versión de los policías. Huele a montaje. Hay que hablar con Andrés. Y con Damián, voy a tratar de reconciliarlos.

TERESA. Te lo agradecería mucho, hija.

CARLOTA. Dejadme sola con ellos. ¡Andrés! ¡Damián!

(Salen los padres).

ESCENA 15

(Entran los dos hermanos, uno por cada lado del escenario).

DAMIÁN. ¿Estarás contento, no, Andrés? ¡Qué manera de avergonzar a nuestros padres!

ANDRÉS. ¡No hables tú de avergonzar a nadie!

CARLOTA. Eres un niñato, Andrés, un consentido...

ANDRÉS. *(Fuera de sí).* ¡Tú cállate, guarra! Solo con esa pinta que tienes...

CARLOTA. ¿Qué pasa con mi aspecto?

ANDRÉS. Das asco. ¿Cuándo fue la última vez que te duchaste?

CARLOTA. ¿Tú te has visto en el espejo, racista bastardo?

DAMIÁN. Aquí no hay ningún bastardo, Carlota. Todos somos hijos legítimos, con los mismos derechos, y yo sé muy bien por qué lo digo. Casi matas a nuestra madre del disgusto, Andrés. La pobre mujer te adora, mientras tú llevas una doble vida, engañándola y abusando de su cariño.

ANDRÉS. No he pretendido hacer daño a nadie.

DAMIÁN. Pues a mí me lo has hecho y mucho...

ANDRÉS. ¿A ti? ¿Por qué?

DAMIÁN. ¡Tener que enterarme por la policía de que mi hermano es un narcotraficante!

ANDRÉS. Estás mal informado. No lo soy.

DAMIÁN. Te pillaron con un camello más que fichado, el Chapas ese... Lo he comprobado, hasta sale en internet. Tiene un historial... ¡Vaya angelito!

ANDRÉS. Te digo que yo nunca he traficado.

DAMIÁN. Entonces, ¿para qué escondes un alijo en tu habitación?

ANDRÉS. ¿Has registrado mi cuarto? ¡No me lo puedo creer!

DAMIÁN. Pues créetelo. Tampoco yo podía creerme lo que me he encontrado detrás del segundo cajón de tu armario.

CARLOTA. ¿Qué has encontrado?

DAMIÁN. Algo que ya no sigue ahí.

ANDRÉS. Me estás vacilando, ¿verdad?

DAMIÁN. ¿Por qué no vas a comprobarlo?

ANDRÉS. Ahora mismo. ¡Como me hayas robado algo me las vas a pagar!

(Damián estalla en una carcajada. Andrés sale en dirección a su cuarto. Quedan solos Damián y Carlota).

DAMIÁN. *(Riendo).* Pobre pardillo. Verás que pronto vuelve con ganas de pasarme a cuchillo.

CARLOTA. Ojo, Damián, esto se nos puede ir de las manos.

DAMIÁN. ¿Ahora me crees?

CARLOTA. Así que era verdad... Con qué trafica nuestro hermanito. ¿Marihuana, cocaína....?

DAMIÁN. Un poco de todo. Su cuarto es como un supermercado de la droga. Estas son las pirulas. Mira.

(Se mete la mano en el bolsillo y saca un paquete que lanza a Carlota. En el momento en que ella lo coge vuelve a entrar Andrés muy alterado).

ANDRÉS. ¡Ladrón! ¡Devuélveme lo que has robado!

CARLOTA. *(Le entrega el paquete).* Ten, aquí tienes... Me parece increíble que tuvieras esto, Andrés. ¿Cuánto pueden valer todas estas anfetas en el mercado negro?

ANDRÉS. *(Guardando el paquete).* No lo sé ni me importa. *(A Damián).* ¿Dónde está el resto?

DAMIÁN. A buen recaudo.

ANDRÉS. ¡Devuélvemelo ahora mismo!

DAMIÁN. Lo haré cuando hayamos llegado a un acuerdo.

ANDRÉS. ¿Conmigo? ¿Qué acuerdo?

DAMIÁN. Carlota y yo te exigimos que renuncies a tu herencia.

ANDRÉS. ¿Qué herencia?

CARLOTA. Nuestros padres se proponen nombrarte heredero.

DAMIÁN. Todo va a ser para ti, la casa, el dinero, todo... Y para nosotros nada.

ANDRÉS. No lo sabía.

DAMIÁN. No mientas.

CARLOTA. Es mejor que nos digas la verdad, Andrés.

ANDRÉS. Os juro que no tenía la menor idea de eso.

DAMIÁN. Ahora que ya lo sabes, ¿cuál va a ser tu actitud? ¿Aceptarías ser el heredero único de la fortuna familiar, y que Carlota y yo nos quedásemos sin nada?

ANDRÉS. Me habéis cogido por sorpresa. Tendría que pensarlo.

DAMIÁN. En ese caso yo también deberé pensarme qué haré con las fotos y el vídeo del alijo que ocultabas en tu habitación: coca, cristal, marihuana... A la policía le vendrá muy bien ese vídeo para que el fiscal te pueda pedir unos cuantos años de cárcel.

ANDRÉS. No será capaz de hacerlo.

DAMIÁN. Muy capaz, créeme.

CARLOTA. ¿No lo conoces?

ANDRÉS. ¡Eres un hijo de puta, Damián!

DAMIÁN. No insultes a nuestra madre.

CARLOTA. A lo mejor no la está insultando.

DAMIÁN. ¿Cómo dices, Carlota?

CARLOTA. Nada, no he dicho nada.

DAMIÁN. Si nuestros padres mueren, renunciarás a esa herencia, Andrés.

ANDRÉS. ¿Es que van a morir? ¿Les pasa algo a ellos?

DAMIÁN. Van siendo mayores, pueden coger un cáncer, sufrir un infarto...

ANDRÉS. Parece que lo estés deseando.

DAMIÁN. A ti también podría pasarte alguna desgracia en la cárcel.

ANDRÉS. ¿Me estáis amenazando?

DAMIÁN. Obviamente.

ANDRÉS. ¿Y tú eres mi hermano?

DAMIÁN. Y me gustaría seguir siéndolo. Pero no tu hermano pobre.

ANDRÉS. ¿Qué es esto, una especie de chantaje?

DAMIÁN. Lo es.

ANDRÉS. ¿Dónde está lo que me has robado?

DAMIÁN. Hablas como un adicto... ¿Quieres que te devuelva toda esa droga tuya?

ANDRÉS. Y que destruyas ese vídeo y esas fotos. ¿Lo harás?

DAMIÁN. Ya sabes a cambio de qué.

ANDRÉS. Con respecto a esa herencia, haré lo que digáis.

DAMIÁN. Buen chico. A cambio, te querremos mucho más y te apoyaremos para que no te metan en prisión y te sigas beneficiando a esa señora casada.

ANDRÉS. No quiero ir a la cárcel. Es a lo que más miedo tengo.

CARLOTA. ¡Silencio! Me parece oír a nuestros padres. No tenemos nada más que hablar, ¿verdad? Me voy a mi cuarto, necesito estar sola.

ANDRÉS. Y yo.

DAMIÁN. Te devolveré lo tuyo, Andrés. Espérame en tu habitación.

(Los tres salen).

ESCENA 16

GENERAL. ¿En qué nos habremos equivocado, Teresa? Los tres eran muy buenos chicos. Los tres tuvieron una infancia feliz, pero en la adolescencia empezaron a torcerse.

TERESA. ¡Y dale con que se han torcido! ¿No será que el más retorcido eres tú?

GENERAL. Ese instituto al que los enviaste...

TERESA. La culpa siempre es mía.

GENERAL. Yo he tenido mucha. Demasiado tiempo fuera de casa, demasiadas misiones en el extranjero. Te dejaba sola con los chicos cuando más me necesitaban.

TERESA. No solo ellos, también yo.

GENERAL. Si de nuevo te quedaras sola...

TERESA. ¿Es que vas a abandonarme?

GENERAL. Si yo te faltara...

TERESA. ¿Por qué hablas con tanto misterio? ¿Me estás ocultando algo?

GENERAL. Algo podría torcerse en próximas fechas...

TERESA. ¡Y dale con los torcimientos!

GENERAL. En ese caso tendrías que hacerte cargo de la familia.

TERESA. ¿En caso de qué, Joaquín?

GENERAL. De mi ausencia, podría decirse.

TERESA. ¿Por qué no hablas claro? ¿Temes que no vaya a entenderte?

GENERAL. *(Estallando).* ¿Cómo vas a entender que voy a rebelarme contra el orden establecido y que voy a declarar el estado de excepción en toda España?

TERESA. ¡Jesús! Imaginaba que andabas metido en algo gordo, ¡pero esto! ¡Un golpe de estado!

GENERAL. Prefiero llamarlo restauración del orden constitucional.

TERESA. ¿Quién lo ha planeado?

GENERAL. Entre otros, yo.

TERESA. ¿Eres el caudillo?

GENERAL. Caudillo suena tan mal como «golpe de estado». No soy ningún franquista, Teresa, a estas alturas deberías saberlo.

TERESA. Hay otros medios para defender la Constitución.

GENERAL. Los políticos han tenido muchas oportunidades y las han desperdiciado. Cataluña está a punto de independizarse. Pronto seguirá sus pasos el País Vasco. Es el final de nuestra historia, el final de España como nación, ¿no te das cuenta?

TERESA. Supongo que tienes razón.

GENERAL. *(La abraza).* Me conforta saber que estás de mi lado. Del mismo modo, millones de españoles nos apoyarán cuando hayamos proclamado el Período de Restauración.

TERESA. Estás muy seguro de conseguirlo.

GENERAL. *(Dubitativo).* Puede pasar cualquier cosa.

TERESA. ¿El ejército te apoya?

GENERAL. Una parte, sí. Confío en que el resto se acuartele y nos deje hacer.

TERESA. ¿El Rey lo sabe?

GENERAL. *(Tajante).* No.

TERESA. ¿Qué crees que hará?

GENERAL. No lo sé.

TERESA. ¿Qué ocurrirá si ordena tu detención?

GENERAL. Que seré detenido.

TERESA. ¿Juzgado, encarcelado...?

GENERAL. Probablemente. Pero también está la posibilidad de que triunfemos.

TERESA. ¿Qué pasará con el presidente del gobierno?

GENERAL. Será cesado, así como todos sus ministros. Constituiremos un gobierno provisional y convocaremos elecciones.

TERESA. Teresa. Y tú serás el nuevo presidente.

GENERAL. De manera provisional y por un corto período de tiempo. El necesario para llevar a cabo ese nuevo proceso electoral que limpie nuestras instituciones. Cuando tengamos un nuevo gobierno salido de las urnas me retiraré del escenario.

TERESA. Y volverás a casa.

GENERAL. A nuestro nido.

TERESA. Por un lado, comparto tu análisis de la situación política. España está enferma, pero tengo duda de que el papel de cirujano de hierro sea adecuado para ti.

GENERAL. Alguien tenía que asumirlo y yo estaba disponible.

TERESA. Supongo que no hay marcha atrás.

GENERAL. No.

TERESA. Y que no podré convencerte de que te retires de la operación.

GENERAL. Si ese referéndum de independencia sale adelante, en ningún caso.

TERESA. Muy bien, lo asumo. Estaremos juntos también en esto.

GENERAL. *(Conmovido)*. Te lo agradezco con toda mi alma, cariño.

TERESA. ¡Qué extraña sensación! Por un lado, la de querer defender el orden. Por otro, la de estar fuera de la ley.

GENERAL. Sí, yo siento algo parecido.

TERESA. Es excitante.

GENERAL. Lo es.

TERESA. Estás deseando entrar en acción, ¿no es así?

GENERAL. Un soldado siempre lo está. Mentiría si te dijera lo contrario.

ESCENA 17

*(El escenario queda a oscuras. Durante treinta segun-
dos Se oyen voces de mandos militares, tumulto, gri-
tos, disparos, sirenas).*

(Se escucha la sintonía musical de Radio Nacional).

VOZ EN OFF (LOCUTOR DE RADIO). Cuando son las cuatro de la madrugada de este 20 de
octubre de 2025, las tropas sublevadas en Madrid
y en otros puntos de España regresan a sus cuar-
teles. El mensaje del Rey Felipe VI ha sido decisi-
vo para frenar la intentona militar. De la misma
manera que su padre, Juan Carlos I, supo parar
el golpe de Estado del 23 de febrero de 1981, su
hijo, Felipe VI, ha estado a la altura de su cargo a
la hora de frenar una nueva insurrección. Según
las informaciones que van llegando a nuestra re-
dacción, la sublevación de varias unidades del
Ejército de Tierra ha sido capitaneada por quien
hasta hace poco estaba al frente del Estado Mayor,
el general Joaquín Ayala y Alonso de Contreras.
Quien, según fuentes del Ministerio de Defensa,
ya habría sido detenido, junto con sus principales
cómplices.

(Sintonía musical Radio Nacional).

VOZ EN OFF (LOCUTOR DE RADIO). El juicio
contra el general Ayala y los otros altos mandos
que planificaron el golpe militar del 20 de octubre ha comenzado esta mañana a primera hora en
las dependencias del Estado Mayor del Aire. La

fiscalía solicita entre veinte y diez años de reclusión para los principales cabecillas, bajo las acusaciones de sedición y malversación. Oigamos las declaraciones del general Ayala a su entrada al Tribunal.

VOZ DEL GENERAL. Como patriota que soy, como soldado de España que seré hasta la muerte, como militar que se ha jugado en innumerables ocasiones la vida por su patria, no creo haber cometido delito alguno al querer defenderla contra la amenaza de su desintegración. Soy inocente de todos los cargos, y así lo expondré ante el jurado y el pueblo español.

(Sintonía musical Radio Nacional).

VOZ EN OFF (OTRO LOCUTOR). Hoy, 19 de enero de 2027, cuatro meses después de la celebración del juicio, y casi dos años desde que el 20 de octubre de 2025 los militares rebeldes sacaron los tanques y las tropas a la calle para subvertir el orden constitucional, el tribunal ha dictado sentencia. Al cabecilla del golpe, el general Ayala y Alonso de Contreras, doce años de prisión, que deberá cumplir en un presidio militar. La misma condena para los altos oficiales que lo acompañaron en la intentona, con la excepción de los generales Jacinto Castroviejo y Manuel Rebullida, quienes mostraron su arrepentimiento y colaboraron en el esclarecimiento de los hechos...

(Sintonía musical Radio Nacional).

VOZ EN OFF (OTRO LOCUTOR). El general Joaquín Ayala se recupera del ictus que sufrió en la prisión militar donde cumplía su condena como golpista. Los médicos del hospital donde sigue ingresado se muestran reservados en cuanto a su recuperación. Debido al delicado estado de salud del general Ayala, su abogado cree que no se encuentra en condiciones de regresar a la cárcel, por lo que solicitará su indulto al Gobierno.

(Sintonía musical Radio Nacional).

VOZ EN OFF (OTRA VOZ DISTINTA DE LOCUTOR). Tres meses después de su ingreso hospitalario por causa de un ictus, el general Joaquín Ayala ha recibido el alta médica y ha sido trasladado de nuevo a la prisión, tras haber rechazado el Gobierno la petición de indulto. En base a su delicado estado de salud, el abogado del general, Bernardo Galbe, solicitará que cumpla el resto de la pena en régimen de reclusión domiciliaria.

(Se ilumina progresivamente el escenario. El general está sentado en el jardín. Encima de la camisa luce el quimono de Damián. Se muestra más envejecido y decaído. Tiene delante una copa de fino y un platillo de aceitunas. Está leyendo el periódico).

(Suena su teléfono móvil. Lo coge).

GENERAL. Rebullida, ¿eres tú? ¡Por fin, hombre! Te he llamado unas cuantas veces, pero nunca me contestas... Bueno, no estoy del todo mal, que digamos... Más viejo y con la próstata a rabiar, pero

voy tirando... ¿Mis hijos? Muy centrados, traba-
jando los tres. Y te adelanto una noticia, Rebullida: ¡voy a ser abuelo! Mi hija Carlota está embarazada. Se casó con el hijo de nuestro abogado,
Bernardo Galbe. Sí, el que me defendió en el juicio. ¡Casi me arruina! También su hijo es abogado, espero que como yerno me salga mejor que el
padre... El tiempo pasa, Rebullida... También para
nuestra vieja España, aunque hay cosas que no
cambian. Cinco años después del referéndum los
sediciosos vuelven a la carga. ¿Nosotros también?
(Ríe). Te lo pide el cuerpo, ¿eh? A mí no tanto...
Este 10 de octubre de 2030 cumplo 81 años. No
estoy para pronunciamientos. *(Cambia de tono)*.
Pero te llamaba por otra cosa, Rebullida... Tengo
problemas económicos. Los procesos judiciales y
los tratamientos médicos me han costado un ojo
de la cara. Mi divorcio, el otro. Al haber sido de-
gradado, me ha quedado una pensión ridícula.
No llego a fin de mes. Necesito dinero. ¿Queda
algo de la cuenta de Jersey? Tú la administrabas,
¿no? Llegamos a recaudar cuatro millones de euros. ¿Dónde están? *(Pausa silenciosa)*. ¿Que se han
gastado, en qué? ¿Que hable con Jacinto, dices?
¡Ese canalla! Ni me lo cites, no quiero perder los
estribos... *(Suena el timbre de la puerta)*. Tengo visi-
ta, Rebullida, te llamaré luego. Intenta averiguar
qué se ha hecho con ese dinero, necesito disponer
de alguna cantidad.

*(Se dirige al salón, que se ilumina a su paso, para abrir
la puerta principal de la casa)*.

ESCENA 18

(Entra Teresa. Viene de trabajar, va vestida con sofisticación. Se la ve dinámica, atractiva. Su buen aspecto contrasta con el abatimiento y descuido del general).

TERESA. Buenos días, Joaquín. ¡Felicidades por tu cumpleaños!

GENERAL. Buenos días, Teresa. Muchas gracias.

TERESA. Te he traído un regalo.

GENERAL. ¿Qué es?

TERESA. Un libro sobre el capitán Alonso de Contreras, uno de tus antepasados. *(Se lo entrega, el general lo desenvuelve).*

GENERAL. En una enciclopedia digital presentan al capitán como «corsario», pero fue un gran español. Si buscas mi nombre, ¿sabes que pone?: «Golpista». Los dos somos víctimas de la leyenda negra.

TERESA. ¿Qué tal has pasado la mañana de tu cumpleaños?

GENERAL. Más solo que la una.

TERESA. ¿No has salido, no has hecho nada?

GENERAL. He leído el periódico y acabo de hablar con Rebullida.

TERESA. ¿Con quién?

GENERAL. El general Manuel Rebullida. Estuvo conmigo en el pronunciamiento constitucional, pero se las arregló pasa salir de rositas, igual que el sinvergüenza de Jacinto.

TERESA. Sería hora de que dejases de llamarlo «pronunciamiento constitucional», Joaquín. El rey dejó muy claro que fue un golpe de estado.

GENERAL. ¿Eso es lo que piensas tú?

TERESA. Lo que yo piense no tiene importancia, Joaquín. El pueblo español y la historia os han sentenciado. ¿Me pones un fino?

GENERAL. Sí, claro. ¿Una aceitunilla? *(Le ofrece el platillo, ella lo rechaza).*

TERESA. No, gracias. ¿Qué dice la prensa?

GENERAL. El mundo va fatal, como de costumbre. En cuanto a España. De nuevo hay rumores de secesión. Los de siempre, ya se sabe...

TERESA. Dejemos el tema, ¿quieres?

GENERAL. ¿Mejor hablamos de otras cosas? ¿Hay alguna más importante que la unidad de España?

TERESA. Te podría citar unas cuantas.

GENERAL. ¿Tu tienda de antigüedades?

TERESA. Por ejemplo.

GENERAL. ¿Qué tal te va?

TERESA. Estamos vendiendo mucho. Desde que Damián se ha incorporado al negocio hemos mejorado las ventas. Damián es un mago de las relaciones públicas, diseña unos catálogos preciosos y se ha introducido en el mundo de los museos, de las colecciones privadas y de las subastas.

GENERAL. Me alegro mucho. ¿El novio de Damián viene a comer? Le he puesto plato, por si acaso.

TERESA. Ramón no puede venir, tenía un compromiso.

GENERAL. La verdad es que este Ramón no es mala gente.

TERESA. ¿Se te ha ganado, por fin? ¡Mira que te costó aceptarlo!

GENERAL. Desde que he comprobado en mis propias carnes lo buen terapeuta que es tengo mejor opinión de él. Da unos masajes espléndidos. Me deja como nuevo, pero es muy caro... Aunque seamos familia política me pasa unas facturas que...

TERESA. Damián y él quieren casarse.

GENERAL. No lo sabía, no me han dicho nada.

TERESA. Me parece una buena idea. Están mirando casas por La Moraleja.

GENERAL. ¿De esas que valen un millón? ¿Y de dónde piensan sacar el dinero? ¿De lo que me habéis expoliado?

TERESA. No hagas que me enfade, Joaquín. Nadie te ha robado nada. Sufriste un ictus, ¿recuerdas? Estuviste un mes en coma, al borde de la muerte. Tus operaciones y terapeutas han supuesto enormes gastos. Hubo que vender algunas propiedades, pero fue con tu consentimiento. Y te has quedado con esta casa, no te quejes.

GENERAL. Como inquilino tuyo. Tú eres la usufructuaria, la propietaria. Te pago un alquiler. Carísimo, por cierto.

TERESA. Todo se acordó con el abogado, Joaquín, y tú estuviste de acuerdo.

GENERAL. Me presentasteis los documentos estando yo como un vegetal.

TERESA. Estabas perfectamente cuerdo y firmaste en plenitud de tus facultades ¡Anímate, Joaquín! *(Aplaude).* Hoy es tu cumpleaños y vamos a estar los cinco. ¡La familia! Hacía tiempo que no nos reuníamos. El nido vuelve a estar lleno.

GENERAL. Yo lo encuentro muy vacío.

TERESA. Lo que está es muy sucio. *(Mirando alrededor con desagrado).* ¿No viene nadie a limpiar?

GENERAL. Con la pensión que me ha quedado no me alcanza ni para ayuda doméstica. Me cocino, hago la cama, pongo la lavadora, pero no estoy para mucho más. Desde que abandonaste el nido...

TERESA. No lo he abandonado del todo. Sigo ocupándome de los chicos y también de ti.

GENERAL. De mí, muy poco, Teresa.

TERESA. Durante el mes que te pasaste en cama estuve pegada a tu lado.

GENERAL. ¿Puedo hacerte una pregunta? ¿Eres feliz con Jacinto?

TERESA. Quiere que me case con él.

GENERAL. No me has contestado. ¿Quieres tú?

TERESA. No estoy segura. Mi enfermedad...

GENERAL. ¿Qué tal tus últimas pruebas?

TERESA. El cáncer no ha progresado, pero sigue ahí.

GENERAL. Al principio me dolió muchísimo que te fueses con Jacinto, pero cada vez me importa menos.

TERESA. Jacinto es un buen hombre, me quiere y está pendiente de mí. Eso debería importarte, como la madre de tus hijos que sigo siendo.

GENERAL. Si crees que vas a ser feliz, cásate con él. Juntos acabaréis de arruinarme más deprisa aún. Sobre todo, si le consultáis a Bernardo la manera de hacerlo. *(Suena el timbre de la puerta).* ¿Quién será de los tres? ¿Abres tú, Teresa?

ESCENA 19

(Entra Carlota).

TERESA. ¡Carlota, cariño!

CARLOTA. ¡Noticia bomba! *(Se desplaza como un torbellino por el salón, deja una gabardina en el sillón, coge a su madre de las manos, besa a su padre).* Vengo del ginecólogo. ¡Va a ser una niña!

TERESA. Me hace muchísima ilusión, hija.

GENERAL. ¿Habéis pensado en el nombre?

CARLOTA. Bernardo quiere que la llamemos Leticia.

TERESA. ¿Por qué?

CARLOTA. Por nuestra reina. Es un gran admirador suyo. Dice que nos parecemos mucho.

GENERAL. ¿La reina y tú? ¿En qué os parecéis? ¿En que solo tenéis hijas?

CARLOTA. ¿Estás de mal humor, papá? Ten, toma tu regalo...

GENERAL. *(Abriéndolo).* Una cartera de piel. Lo malo es que no tengo nada que meter dentro.

TERESA. *(Cambiando de tema).* ¿Cómo está tu marido?

CARLOTA. Mejor que nunca. Lo han nombrado jefe de un bufete muy importante. Va a ganar un pastón. Podremos comprarnos el barco y un apartamento en Marbella.

GENERAL. Hablando de viviendas, Carlota, ¿cómo va tu inmobiliaria?

CARLOTA. Muy bien, papá. Gracias a los alquileres, sobre todo, porque el piso nuevo está carísimo y las hipotecas de los bancos por las nubes.

GENERAL. ¿No hay impagos, con tanta crisis?

CARLOTA. Ya lo creo. Y muchos sinvergüenzas a los que habría que desahuciar, pero con las actuales leyes todo el mundo tiene derecho a disfrutar de la vivienda menos el propietario.

GENERAL. ¡Cómo has cambiado, hija! Nadie diría que durante dos años fuiste una okupa, viviendo en comunas anarquistas y antisistema.

CARLOTA. Errores de juventud.

TERESA. ¿Volverías a cometerlos?

CARLOTA. ¿Y tú a cometer los tuyos?

GENERAL. ¿A qué errores de juventud de tu madre te refieres, Carlota?

CARLOTA. Pecadillos...

TERESA. *(Cambiando de tercio).* El caso, hija, es que te has convertido en toda una ejecutiva del sector inmobiliario, que estás feliz y que, además, nos vas a hacer abuelos.

GENERAL. Nunca dejamos de quererte, hija, por más que nos hiciste sufrir.

TERESA. Siempre fuiste la niña de nuestro corazón.

CARLOTA. Es maravilloso teneros como padres. Aunque, desde que os divorciasteis, algo se ha roto en la familia.

GENERAL. Sobre todo, en mi bolsillo. El acuerdo de separación os benefició claramente. Os aprovechasteis del ictus para vender propiedades e invertir a vuestro nombre dejándome de lado.

TERESA. En todo momento nuestro abogado revisó los poderes.

CARLOTA. Te recuerdo, papá, que estás hablando de mi suegro.

TERESA. Bernardo padre te mantuvo informado, Joaquín. Hubo que vender varias de nuestras propiedades para pagar las costas judiciales, los destrozos y las sanciones de vuestro golpe de estado...

GENERAL. De restauración constitucional, Teresa, perdona que te corrija...

TERESA. Las compañías de seguros se cebaron en ti, como fracasado caudillo de aquel desdichado levantamiento.

GENERAL. Siguen sin gustarme las palabras «caudillo» y «levantamiento». Preferiría: «acto de patriotismo».

TERESA. Patriotas somos todos.

GENERAL. ¿En ese «todos» incluyes a Jacinto?

TERESA. ¡Estás obsesionado con él!

GENERAL. ¡Como para no estarlo! Primero me hurtó el ideal y luego me robó a mi mujer.

(Teresa va a contestar cuando suena el timbre).

CARLOTA. Debe de ser uno de mis hermanos.

(Se dirige a abrir la puerta de entrada).

ESCENA 20

(Entra Damián. Va vestido de traje, muy elegante).

DAMIÁN. Perdón por el retraso Hola, mamá. Hola, papá. Hola, Carlota. Te he traído un regalo, papá, ten.

GENERAL. ¿Qué es?

DAMIÁN. Ábrelo.

GENERAL. Un caleidoscopio. ¿Para qué?

DAMIÁN. Para que aprendas a ver la realidad con otros colores. ¿Y Andrés?

TERESA. Ya lo conocemos, sigue siendo un impuntual.

DAMIÁN. Si me retrasado ha sido por causa de fuerza mayor. Por una venta, madre... ¡no te imaginas qué!

TERESA. ¿El cuadro de Federico Madrazo?

DAMIÁN. Frío.

TERESA. ¿La escultura de Chillida?

DAMIÁN. Caliente.

TERESA. ¿El cuadro de Joan Miró?

DAMIÁN. ¡Ardiendo!

TERESA. *(Loca de entusiasmo, besando a su hijo).* ¿Quién lo ha comprado?

DAMIÁN. Un oligarca ruso.

GENERAL. No esperes nada bueno de los rusos. Son tan malos como los moros y como esos indepes...

CARLOTA. Papá...

TERESA. Te has convertido en un genio de las ventas, Damián. No sé qué sería de la tienda sin ti.

DAMIÁN. El mercado de antigüedades está creciendo. Estoy lleno de ideas, de proyectos.... ¿y si abrimos una tienda en Moscú, mamá?

GENERAL. ¡Y dale con los rusos!

CARLOTA. Papá...

DAMIÁN. También quiero abrir un taller de restauración de obras artísticas. He estado haciendo números y puede ser muy rentable. Y no descartemos llegar a acuerdos con los museos o abrir en el futuro una casa de subastas... De esa forma redondearíamos el círculo del negocio de las antigüedades: compra, restauración, préstamo y venta. Sobre todo, ventas, muchas ventas.

TERESA. ¡Qué orgullosa estoy de ti!

GENERAL. Ya casi ni nos acordamos de cuando eras un «nini».

DAMIÁN. Ramón ha sacado lo mejor que hay en mí.

TERESA. ¡Qué pena que no esté Ramón para celebrarlo!

DAMIÁN. Hablando de mi marido, tengo una noticia que daros. Queremos casarnos y adoptar.

GENERAL. ¿Un niño?

DAMIÁN. No va a ser un poni.

GENERAL. Me alegro mucho por Ramón y por ti.

TERESA. Y yo también, hijo. Os lo merecéis.

CARLOTA. Es una magnífica noticia. ¿Y dónde pensáis adoptar?

DAMIÁN. Tenemos que decidir. China, Rusia...

GENERAL. No, en Rusia no.

CARLOTA. Papá...

DAMIÁN. Cuando tengamos ese hijo nuestra felicidad será completa, aunque la verdad es que ya somos muy felices. *(Se oye el timbre).* Debe de ser Andrés, voy a abrir.

ESCENA 21

ANDRÉS. *(Entrando con ímpetu)*. Hola, papá. Hola, mamá. Hola, Damián. Hola, Carlota. *(Se quita la americana. Lleva una cartuchera con una pistola que deja descuidadamente en una silla)*. ¿Te importa que deje esto aquí? Por cierto, papá, ¿qué ha sido de tu pistola?

GENERAL. La reglamentaria me la requisaron, pero guardo otra por si tengo que levantarme la tapa de los sesos.

DAMIÁN. Siempre me ha encantado tu humor negro.

ANDRÉS. Te he traído un regalo. Toma.

GENERAL. ¿Qué es?

ANDRÉS. Ábrelo.

GENERAL. Un libro de crucigramas. ¿Tan aburrido crees que estoy?

ANDRÉS. En internet lo recomiendan como ejercicio para la memoria.

GENERAL. ¿Esa que estoy perdiendo?

TERESA. ¿Por qué has tardado tanto, hijo?

ANDRÉS. Hemos tenido que practicar una detención.

CARLOTA. ¿Un caso criminal?

ANDRÉS. Un asunto de drogas. Tráfico de *shock*.

TERESA. *¿Shock?* ¿Qué es eso?

ANDRÉS. Una nueva sustancia estupefaciente. Muy adictiva, engancha de inmediato. Se calcula que solo en Madrid hay ya miles de adictos, es un negocio redondo.

TERESA. ¿No fue esa droga la que mató a aquel amigo tuyo, como se apodaba...?

GENERAL. El Chapas.

ANDRÉS. Amigo, no... Vamos a dejarlo en conocido, punto. Murió de una sobredosis hará un año cuando salió de prisión, justo el día en que yo tomaba posesión de mi puesto como inspector. Pude ver las fotos de su cadáver en un descampado. Algo horrible.

TERESA. Menos mal que saliste de ese mundo, hijo.

ANDRÉS. Ni siquiera llegué a entrar.

GENERAL. Te recuerdo que el día que cumplías dieciocho años un agente llamó a esta casa porque te habían detenido.

ANDRÉS. Todo eso está muerto y enterrado.

GENERAL. No es bueno sepultar el pasado.

DAMIÁN. ¿Tú no lo has hecho aún, papito?

GENERAL. No puedo, vivo rodeado de fantasmas. Completamente solo en esta casa que antes fue nuestro nido y que ahora empieza a ser mi tumba.

TERESA. No seas dramático.

GENERAL. Soy realista.

CARLOTA. No deberías quejarte tanto, papá. Si vives solo es porque quieres. Además, te las arreglas muy bien.

GENERAL. Hay goteras en mi dormitorio. Habría que reparar el tejado...

TERESA. Me haré cargo, no te preocupes.

DAMIÁN. ¿Por qué no escribes tus memorias?

GENERAL. ¿Y a quién podrían interesar?

CARLOTA. A mí.

GENERAL. ¿En tu calidad de antigua anarquista o de actual conservadora?

ANDRÉS. También yo las leería muy a gusto.

GENERAL. Gracias, hijo. Mi testimonio se puede resumir en dos líneas. Cuando me alcé en armas por mi país lo hice pensando en vosotros. Quería conjurar los peligros que amenazaban vuestro futuro. Arriesgué mi vida por defender vuestra libertad. Hubiera muerto con esta palabra en mis labios pero ahora sé que hubiera sido inútil.

ANDRÉS. ¿Por qué?

GENERAL. Porque no tenía el aprecio de mi país ni el cariño de mi familia. Estaba equivocado. Pensaba que era un héroe y que mi sacrificio iba a ser necesario, pero nada de eso era verdad. Ni

España me necesitaba ni vosotros tampoco. La prueba está en que me habéis abandonado.

TERESA. Eso no es cierto.

CARLOTA. Estamos aquí.

DAMIÁN. Contigo.

ANDRÉS. Juntos los cinco, como siempre.

GENERAL. Cuando terminemos de comer os marcharéis, cada uno a lo vuestro. Con vuestras familias y planes, en los que no figuro yo.

TERESA. No deberías caer en la autocompasión, Joaquín.

DAMIÁN. El sadismo nunca debe ejercerse contra uno mismo.

CARLOTA. Te estás haciendo daño a ti mismo, papá.

DAMIÁN. Y corres el riesgo de provocarte otro accidente vascular.

GENERAL. No me importa demasiado. Cuando estuve reducido a un vegetal era más feliz que ahora. Pero bueno, en fin, si os he reunido en mi 81 cumpleaños ha sido para deciros que...

(No puede seguir. Comienza a tambalearse).

TERESA. Joaquín, ¿qué te pasa?

(El general cae al suelo).

CARLOTA. ¡Papá!

ANDRÉS. *(Arrodillándose junto a él).* ¡Papá! ¡Respira! Está convulsionando... ¡Le está dando un infarto! ¡Damián, llama a una ambulancia!

DAMIÁN. ¿Alguien sabe el teléfono?

ANDRÉS. ¡Date prisa!

(Teresa y Carlota se arrodillan junto a él. Andrés se pone a darle un masaje cardíaco).

DAMIÁN. *(Con el móvil en la mano).* No tengo batería, será posible... ¡Salgo a la calle a buscar ayuda! (Sale).*

(El escenario va quedando a oscuras mientras se esfuerzan por salvarlo. Lo último que se ve es el cuerpo inmóvil del general en el suelo, ya muerto, rodeado de los suyos).

(Se oye la sintonía de Radio Nacional).

VOZ EN OFF (LOCUTOR). El general Joaquín Ayala ha fallecido este mediodía en su casa de Madrid a los 81 años de edad. Un infarto ha acabado con la vida de quien fue autor intelectual y cabecilla de la intentona del golpe de estado de octubre de 2025. Su funeral se celebrará el próximo miércoles.

(Sintonía de Radio Nacional).

VOZ EN OFF (LOCUTOR). El funeral por el general Joaquín Ayala y Alonso de Contreras se ha celebrado esta mañana en el cementerio de La Almudena de Madrid, con asistencia de su viuda y sus tres hijos. Al haber sido condenado por la intentona golpista, el Ministerio de Defensa y la Delegación del Gobierno han prohibido que fuera despedido con honores militares. Sin embargo, en el momento de la inhumación un músico espontáneo, en quien algunos creyeron reconocer a uno de los antiguos oficiales bajo el mando del general, se animó a tocar delante de su féretro el himno nacional, momento en el que los asistentes rompieron en aplausos y vítores...

(Suena el himno nacional, interpretado solo por las notas fúnebres de un clarinete).

ESTE LIBRO SE
TERMINÓ DE IMPRIMIR
UNA MAÑANA DE CIERZO
EN LOS TALLERES GRÁFICOS
DE INO REPRODUCCIONES
DE ZARAGOZA.
ABANDONAR EL NIDO,
CAMBIAR,
PARA SER QUIENES QUISIMOS SER
DESDE UN PRINCIPO.